教育

「随想」

—— 魏学文 著

JIAOYU
SUIXIANG

内蒙古科学技术出版社

图书在版编目（CIP）数据

教育随想 / 魏学文著. — 赤峰：内蒙古科学技术
出版社，2019.5（2022.6重印）
ISBN 978-7-5380-3096-9

Ⅰ.①教… Ⅱ.①魏… Ⅲ.①教育研究 Ⅳ.
①G40-03

中国版本图书馆CIP数据核字（2019）第098736号

教育随想

作　　者：魏学文
责任编辑：马洪利
封面设计：永　胜
出版发行：内蒙古科学技术出版社
地　　址：赤峰市红山区哈达街南一段4号
网　　址：www.nm-kj.cn
邮购电话：0476-5888903
排　　版：赤峰市阿金奈图文制作有限责任公司
印　　刷：三河市华东印刷有限公司
字　　数：272千
开　　本：700mm×1010mm　1/16
印　　张：16.5
版　　次：2019年5月第1版
印　　次：2022年6月第3次印刷
书　　号：ISBN 978-7-5380-3096-9
定　　价：68.00元

序言(一)

初见学文同志是在2008年8月,他被调到贝子府总校任校长时,他中等健壮的身材,明亮睿智的眼睛,和善真诚的笑容,给我留下了深刻的印象。

"不计辛勤一砚寒,幽谷飞香不一般。"贝子府总校一直是旗级先进单位,好班不好接,为了使各项工作再上新台阶,学文同志深入各校,联系实际,调查研究,制定了学校目标化管理、教师综合考核等多项制度,开展了课堂技艺大赛、小课题研究等主题活动。通过真抓实干,打造了一个凝聚人心、开拓务实的班子,带出了一支业务精湛、士气高昂的队伍,使得贝子府镇教育教学工作百尺竿头又进一步,社会各界好评如潮。在他任职期间,贝子府总校获得赤峰市政府授予的"教育工作先进集体""学校安全管理先进集体"等多项殊荣,他本人也获得"市级优秀教育工作者""自治区骨干教师"等多项荣誉。由于工作成绩突出,2013年3月被提拔为新惠二中主管业务的副校长(副科)。在新的岗位上,他努力的脚步没有停歇,狠抓课程教学改革,力促教学质量提升,使得初升高质量连年攀升;完善教学常规管理,力保工作顺畅运行,使得学校管理务实高效。他在2013年被评为"全国德育工作先进工作者",在2014年又被赤峰市委评为"赤峰玉龙人才"。

"黑发积霜织日月,粉笔无言写春秋。"学文同志以他真诚的为人,出色的能力,踏实的工作态度,诠释着他不悔的人生!真所谓:"敢想敢做敢创新,无怨无恨无悔心;德高鸿儒览博识,热血丹心杏坛亲。"

最近,我有幸阅读了学文同志的《教育随想》一书,心情涌动,感触颇深。

这是一位工作于基层、扎根在教育、默默无闻而从教的守望者。一路走来，风雨兼程，环境在改，角色在变，而永恒不变的是他那颗对教育挚爱的赤胆忠心，也是他对业务探求的不倦恒心，更是他对师生眷恋的拳拳爱心。洋洋洒洒的二十几万字，字里行间无不闪烁着他对教育理念的诠释与追想，无不体现着他对教育现状的观察与思考，无不表露着他对教育实践的感悟与探究。书中有学生发展、教师成长、学校管理、课改观察、教研探微、星空赏月、校园览胜和思想创生八个篇章，条理清晰，脉络分明，向我们诠释了一位基层教育管理者深邃的教育智慧和其勤于躬耕、痴迷教育的快乐人生。通览他的文集，感受至深：这种贴近敖汉教育实际的草根式研究内容包罗万象，研究触角无处不在，既有宏观的谋划，又有微观的指导；既有养成教育，也有课堂技巧；既有普教探究，也有职教思考；既有全局性主张，也有个人独到见解，无所不思，无所不在……实在值得人们深思！

田国瑜

2018年7月

序言（二）

　　我与学文同志相识于2004年5月，当时我以敖汉旗教研室主任的身份到林家地中学调研课改工作，他作为一名刚刚上任几个月的校长，接待了我们一行。调研中，他递给我一本《课改随笔》小册子，请我指导，至此便对这位年纪轻轻的校长有了第一印象。后来有几次他随团到山东、北京等地学习考察，回来后都有书面总结报告、心得体会等与我分享，我们当面交流的机会也日渐多起来，了解也逐渐深入，于是我们便成了难分难舍的教研伙伴，以后他当过校长的几所学校，都是旗教研基地校或课改实验校。特别值得一提的是，他当过校长的学校都创办了《教育信息》，他亲自带头撰稿、审稿，本书中的大量文字皆源于此。许多文章内容充满了他的发现，凸显了他的思考，他善于从细节中捕捉闪光之处，从朴实中寻求教育真谛，从工作中找到学校的差距。

　　从书中我们也会发现，他是一个对教育很有感觉的人。为了推动学校课程改革的进行，他在大量调查研究的基础上，从改革学校内设部门、加强课程管理、推进课堂改革等几个方面寻求学校教改和课改的突破口。与此同时，为推动学校管理和评价改革，他从初期调研到真正实施过程中的研究改进，为提高学校办学能力和水平做出了自己的努力。从书中我们也不难发现，他是一个很乐于和善于研究的人。

　　2013年，他调至新惠二中工作，这是一所自治区级实验中学，他的研究能力在这里得以施展，他的课改思想在这里得以升华。在担任业务校长的几年里，他和老师们一起推动实施了"读书—实践—写作"等一系列课题，取得了大量实验研究成果，多次得到政府奖励。他积极推进课程改革，带领业务团队完善深化新惠二中"三段七层"本真课堂教学体系，强化教师的专业成长，培养学生的综合能力，他在与教师们共同学习、研究、实验中,注重观察、分析、提炼、积累,积极撰写了多篇实用性较强的课改文章,对学校教研工作具有现实的指导意义。他不仅关注教师成长,更关注学生发展。他从孩子们入校报到的现场,发现孩子们的需求,进而与老师们一起开发出"入校课程";他又从孩子们离校时的情景,发现孩子们的情感需要,和老师们一起研究开发了"离校课程";他还从学生考试成绩的差异里,发现孩子们的差异根源,进而帮助老师们研发"引桥课程",最大程度解决了学生的学习障碍,遏制两极分化;他从学校艺术节中,捕捉到活动对于孩子成长的重要性,从而带领全校教师将学校所有的活动课程化,近年来在课程创新中尊重个体的差异,尊重孩子的选择,使孩子们更加喜爱校园生活。在许多校长的眼里已经司空见惯的一些教育问题,到了学文校长的眼里就成了应该破解的难题,通过他的探索研究,总能找到解决问题的办法。学生的学习为什么会出现分化,学生的学习困难形成的原因有哪些……因为对问题的敏感,在许多学校早已成为"常态"的一些现象,到了他的眼里就成了"不正常"现象。他认为,这样的问题不解决,教育就无法真正迈向理想的教育。在一次次的追问中,他一步步地推动着学校教育趋近于科学合理。

二十多年来,他带领林家地、新窝铺、长胜、贝子府、新惠二中等学校的老师们以科学的态度,用科学的研究方式进行缜密的研究和分析,在行动中研究,用研究的成果解决行动中遇到的问题,使学校不断发展、进步、壮大。为此,他的理想也就在学校迈向理想学校的过程中一步步地变成现实。如今,他的《教育随想》如同一串串踏实的脚印,恰似一簇簇智慧的火花,又像一颗颗可爱的珍珠,呈现在我们面前,颇具分享价值,而作者的勤学、善思、务实、创新精神等尤其启示我们:一名好校长就是这样炼成的。

李化中
2018年8月

目 录

第一篇　学生发展篇

　　教师要用心灵去点燃学生智慧的火花，努力使学生得法于课内，得益于课外。同时，要永远用欣赏的眼光看待学生，永远用宽容的心态去面对学生。学生的完美人生就是这样造就出来的！

和风化春雨　润物细无声

——做好团队工作的点滴体会

　　素质教育有一个主要任务就是培养中小学生具有良好的思想道德品质。德育是学校教育工作的重要组成部分,作为学校德育工作的龙头——团队工作,如何以活动为中心,进行"三热爱"教育,开展以"三个面向"为目标,全面提高学生素质教育活动,是学校团队工作研究的主课题。几年来,我们从实际出发,扎扎实实地开展了以下几方面的工作。

　　一、团队干部专业化,为人师表

　　团队工作是学校德育工作的主体,而团队干部是团队工作的主导,团队干部的工作态度、思想表现、言谈举止都无时不对团队员起潜移默化的影响,因此在选拔团队干部时,总队亲自参与把关,好中选优,并且严格要求,实行目标化管理,要求团队员做到的,团队干部首先做到,团队干部必须以崇高的道德品质和勤奋务实的工作态度,随时随地影响学生,以达到润物细无声的教育效果。

　　各少先大队(团支部),团队干部分工把口,各负其责,使学校的团队工作形成了上下同心、左右同步的良好局面。

　　二、团队活动特色化,和风化雨

　　"没有规矩,不成方圆",要想把团队工作做实做活,就必须用一些制度来约束。因此我们少先总队根据上级团队组织的有关精神特制定了团队工作达标创优活动实施方案和实施细则,以及团队工作目标化管理考核细则,要求团队活动"大队有典型、中队有特色",每个少先大队(团支部)都要有自己的特色活动,要针对学生的年龄特点,贴近实际,开展丰富多彩的活动。比如:新生入学进行"中小学生日常行为规范教育",在"清明节""七一""八一"等传统节日对学生进行爱党爱祖国教育。为了顺利地通过自治区人民政府的"两基"评估验收,辍学率偏高是一个严重的问题,究其原因有很多方面，但家庭贫困是导致辍学的罪魁祸首。针对这种情况，敖汉旗四家子少先总队在2002年9月份组织全镇队员开展了"手拉手我为贫困生献爱心"的捐资助学活动，短短几天就收到人民币1986.00元，相继有50多名贫困学生得到资助，他们重返校园。

积极组织开展有特色的活动。2002年四家子少先总队组织开展了"我爱出生小屋"主题系列活动，活动由寻找篇、欣赏篇、描绘篇三个系列组成，分三个阶段进行，通过活动开展，树立了少年儿童爱家乡、爱祖国的强烈意识，同时，也让少年儿童走进社会、服务社会，培养了学生的社会实践能力。大搞"团队素质教育课题研究活动"。为了适应当前的素质教育，借"减负"的有利契机，总队组织全镇学校团队组织积极开展了"团队素质教育课题研究活动"，各大队都有自己的研究课题，课题特色新、适用性强、活动面广，极大丰富了学生的生活，培养了队员们的创新能力。

系列活动的开展，使团队员的道德素质得到培养，综合能力得到提升。

三、团队工作网络化，齐抓共管

几年来，我们以学校团队工作为龙头，建立起了学校、家庭、社会融为一体的主体教育网络，形成了齐抓共管、全员参与共同做好学生思想工作的格局，每年的清明节四家子少先总队都组织学生到四家子草帽山烈士陵园、南大城小孤山子烈士陵园进行祭扫活动，并且邀请老红军讲英雄的故事，对少年儿童进行革命传统教育。各少先大队坚持每学期召开一次家长座谈会，听取家长们对学校团队工作的建议及要求，使学校团队工作有目的、有计划地开展。寒暑假时，在总队的统一安排下，各少先大队、团支部都组建了"雏鹰假日反邪教小队"，开展了校园内外拒绝"法轮功""门徒会"等邪教活动，队员们自己不参与，其家长、亲戚、邻居也不参与。广泛动员社会各界也参与到活动中来，让全社会都来关注这一问题，把校内与校外、课内与课外有机结合起来，从而形成了一个反邪教的联动网络。

社会、家庭、学校融为一体，使全体队员在积极参与学校、社会的各项有意义活动中，他们的心理素质，尤其辨别是非的能力得到很大提高。

四、团队工作环境化，润物无声

团队工作以学校教育教学为中心，在学校各项教育教学工作中，时时处处都渗透团队工作内容, 各少先大队都建立起了 "团队之声校园广播站", 每日定时播放爱国歌曲、国际国内新闻等内容; 在教室内、公共场所悬挂伟人、英雄人物的画像; 在全镇组织开展了 "系上鲜艳的红领巾, 戴上闪光的团徽, 为学校增光, 为班级添彩" 系列活动, 使学生在团队这块绿色田野上, 接受爱国主义教育, 浓厚的教育气氛, 丰富的活动内容, 多样的活动方式, 似和风化雨, 润物无声。

团队干部的专业化, 团队活动的特色化, 团队工作的网络化、环境化, 使全镇青少年学生在人生的黄金季节里, 带着幼稚和希望而来, 满载成熟和收获而归。

〔2003年发表于《辅导员》〕

表扬学生要讲究技巧和注重方法

　　教育是一门艺术，表扬学生更是一门技巧，教师应当充分利用学生心理发展规律，恰如其分的表扬学生，激发学生的学习兴趣。对学生的表扬要讲究技巧，注重方法，一方面能赢得全体学生的信赖，使学生潜在的学习动机转化为积极的学习行为；另一方面，有利于学生心理健康发展，提高他们的自我认可能力。表扬学生主要应注重以下几点：

一、表扬学生要具体

　　"你是一个好学生，最近表现得很好。"这种缺乏具体内容的表扬，对学生很难有鼓励性，易产生满足感。因此，要求教师在表扬学生时内容应该具体，要不断寻找新的突破口，具体问题具体分析。如：某学生作业题全做对了，若表扬他"做得不错"，内容过于笼统，他会认为受表扬是理所当然的，丝毫不感到意外，如此一来，即使以后他的作业经常得优秀，他的上进心也会慢慢消失。如果换个方法表扬学生，抓住要点或者"投其所好"地进行表扬，比如说："你确实不错，我一直关注着你，你今天学习全神贯注，作业也完成得很出色。"教师把对学生的表扬引入到具体的作业完成很好的情感态度中，指出了作业做得好的真正原因，学生听了，会觉得自己受到了老师的关注，从心底感到高兴和激动。

　　又如，在课堂教学中，当学生积极举手发言，教师评价"你真棒"，学生会感到高兴，但他不知道怎样才算"真棒"，应给予具体些的评价，如"你真棒，能说得这么完整，这么具体""能开动脑筋想办法""能专心听讲，认真回答"，等等。当学生和别人合作完成一项任务时，教师适时肯定他们的合作办法及合作精神等。这种针对性的表扬，既培养了学生的自信心，又使学生找到了学习方法，从而激发了学生的学习兴趣，培养了他们良好的学习习惯。

二、表扬学生要及时

当某一学生在某一方面有进步时，不要视而不见，而要迅速作出反应，及时把表扬"赏给"学生。

如：有位学生不太爱学数学，这是他的一个缺陷，可是，平时不太爱学数学的他却在今天做出一道难题，虽然这是一个偶然现象，但我们应赶紧捕捉住这个机会，及时给予夸奖，这名学生以后也许在数学上会有更大的突破。

三、表扬学生要用心

表扬学生要态度诚恳，不能漫不经心，敷衍塞责。要以心理学理论为依据，注重场合，注重形式，采取富有激励作用的方法，不然会产生负面效应。比如，数学课上，学习委员积极举手，主动要求上台展示，问题全做对了，老师说："你真了不起，不愧是学习委员。"这位学生从此上课再也不敢积极举手了，他害怕自己做错了，有愧于"学习委员"这个称号。

教师要富有观察力，及时发现学生身上的闪光点，即使是细微的一面，教师都要给予鼓励。若能看到学生本人最得意、最专注，在他人眼里却不以为然的小事进行表扬，效果会更佳。这样的表扬，会使学生感到老师对自己的关注，能对自己情况了如指掌，这对学生的学习会有很大的促进作用。如对抑郁型学生，要经常与其沟通，表扬次数宜多，以增强他们的自信心和自尊感。

四、表扬学生要适度

对学生的表扬要讲求"度"，注重适中，不能夸大其词，一俊遮百丑。"你真是个神童""你是我们班最好的学生"，这种过分的表扬，会带来一些负面作用，长此下去，易造成学生"以自我为中心"的人格特征扭曲，最终将会导致一无所成。

五、表扬学生要因生而异

人和人之间是有差异的，对学生进行表扬时，无论是精神表扬，还是物质表扬，都要针对学生的需要来进行，这样才能收到更好的效果。一个学生家长对我说："我女儿写作业很慢，一会儿要喝水，一会儿要吃饭，怎么办？"我诚恳地告诉他："想要孩子快，不要在孩子面前说他慢，你越说他慢，他就越慢，在孩子写作业快的时候要进行表扬，优点不说不得了，缺点少说会更好。"

在教学中,常听教师抱怨,某学生做事粗心大意,动作缓慢,无数次提醒,仍不见效,遭到老师批评后,就形成一种惯性,他们认为自己真的粗心或行动缓慢,从而自暴自弃。如果老师把关注点放在学生细心之际和动作迅速之时,有意点拨训练,多次强化之后,学生心理会有一种"快"的暗示,他们完成任务可能就会越来越快。这就要求教师在针对学困生进行教育时,不妨改变对学生的关注点,用老师的细心、爱心、关心和耐心,及时发现学生的闪光点,鼓励他们,赞赏他们,哪怕是一个肯定的眼神,一个甜蜜的微笑,都会增强学生的自信心,提高学生的学习兴趣。对中等学生进行表扬时,对他们的要求可以略有提高,让他们冲刺略高的层次,使他们逐渐进步。而面对优等生,应该高标准,严要求,激励他们去迎接更高层次问题的挑战。

六、要给学生创设成功的机会

每一个学生都渴望成功,这是学生的心理共性,教师要多给学生搭建展示的平台,这就要求教师在教学中善于捕捉学生身上的闪光点,并及时给予肯定或鼓励,多给学生创造成功的机会。

如:某班有个学生学习很差,但他的模仿能力很强。有一天,教师在讲《狼和小羊》一文时,要求学生分角色朗读课文,并有意识地请他读课文中狼说的话,当他把狼的那种蛮不讲理、凶恶的语言读得活灵活现时,同学们报以热烈的掌声。教师走到他跟前,对他说:"你比老师读得好,你真行!"从此,无论在课堂,还是在课外,教师都给他更多的表现机会,充分发挥他的聪明才智,使其树立起"我能行"的信念,增强他的自信心,他的学习成绩逐渐提高了。

不是聪明的学生常受表扬,而是表扬会使学生更加聪明,教师及时适度的表扬是促进学生进步的"催化剂",为此,教师们请多多表扬自己的学生吧!

〔发表于《内蒙古教育》2005年教学论文增刊Ⅰ上〕

家庭是幼儿健康成长的摇篮

　　幼儿教育的根本任务, 在于促进幼儿身心健康和谐发展。一个幼儿的成长取决于遗传基因、社会环境、教育状况及个人的努力等诸多因素。这些因素中, 家庭教育尤其是父母从小给孩子的种种有意无意的引导和影响, 起着至关重要的作用, 它将影响幼儿的漫漫一生, 切不可等闲视之。

　　做父母的都希望自己的孩子"成龙变凤", 这就必须从子女的幼年时期开始培养, 给予合理的严格教育。有些父母对孩子只顾养, 不顾教, 或者一味地纵容和顺从, 或者把粗暴当作手段, 这是错误的, 也是很危险的。特别是当今家庭, 多数只有一个"小太阳", 一切都围绕他转, 导致孩子们娇惯、任性、爱听好话, 经不起一点挫折, 这样一旦步入集体, 走入社会, 事事不能适应。为此, 正确地教育好自己的子女已成为父母对家庭对社会的一种义不容辞的责任, 我个人认为应该主要做好以下几点:

　　一、要严爱结合

　　幼儿年龄小, 生活自理能力差, 每天吃、喝、拉、撒、衣、食、住、行, 事无巨细, 都要由大人来监管。因此, 家长应奉献一切爱心, 父母对孩子的爱是其天性, 无可厚非。但在爱的同时, 一定要注重孩子行为习惯的养成教育, 这就要求"严"字当头, 严格要求。比如: 不允许孩子们说脏话, 不允许孩子们玩一些危险物品, 要求他们懂礼貌, 见人要问好, 知道尊老爱幼, 要帮助父母多做一些力所能及的家务活等, 从而养成良好的品德和习惯。

　　二、要以身作则

　　父母是孩子的第一位老师, 也是终身教师, 家庭的日夜熏陶, 潜移默化的影响是社会或学校所无法代替的, 孩子的生活习惯大都是在家里养成。为此, 作为家长必须做到以身作则, 给孩子做出榜样。俗话说"身教重于言教", 家长要做孩子的楷模, 必须加强自身修养, 努力学习, 让自己的一言一行、一颦一笑、一招一式都给孩子留下美好的印象。

三、要全面教育

家庭教育，同样有全面发展所需要的体育、智育、德育、美育等多方面内容，这不仅仅是学校教育的内容，也是家庭教育的重要方面。父母只顾把幼儿身体养好，不顾幼儿思想感情、道德素质及智力方面的教育培养是片面的；或者只搞"智力投资"，而忽视体质、思想品德等方面也是不合理的。我们的教育是面向儿童全面发展的教育。

四、要注重方法

幼儿教育是人之初的教育，家长教育自己的孩子，要多一些肯定与期望，少一些训斥和冷落，平时要善于捕捉他们身上的闪光点，为他们提供适宜教育，多给他们表现自己的机会，以增强其自信心，使其能抬起头来走路。

让孩子们放开手脚，搞一些有新意和创造性的活动，不要因为孩子们刚走路经常摔倒，就不让他们学走路，摔倒了要让他们自己爬起来，不要当"保姆式家长"，而应做"放手型父母"。

养育一个健康聪明的孩子，不仅关系到家庭的幸福，同样关系到社会的前途、民族的命运，甚至关系到人类的未来。说到底，一切美好的东西都只有在延续中才有意义。当今时代，向年轻的爸爸妈妈提出了新的更高的要求，家庭的幼儿教育是一个永久的话题，这也是为了我们人类的生存与发展！

〔发表于2004年6月《敖汉课改动态》和2005年《赤峰教育报》〕

职教班学生心理素质培养浅谈

职教班学生大都学习成绩稍差,但思维活跃,动手能力强。他们常常带着自卑的心理阴影步入职教班,如果不及时调整心态,排除心理障碍,他们就难以扬起远航的风帆,达到成功的彼岸。为此,职教班学生心理健康培养就成为当今职业学校面临的一个重要研究课题。

个人认为,职教班学生心理障碍大致有以下几种:

懒惰型。表现为贪玩,上课打瞌睡,注意力不集中,学习不动脑,意志薄弱,拈轻怕重,成绩平平。

自卑型。受传统观念影响,认为念职教没出息,低人一等,学习基础差,一时又无法超前;或存有缺点,常受人指责、埋怨;或生理有缺陷,受歧视。他们缺乏自信心,颓丧、抑郁心态较重。

逆反型。有些职教生智力很好,由于教育方法不当,存在逆反心理,思想行为忽左忽右,学习成绩大起大落,极不稳定。

自我表现型。他们平时很少有表现机会,于是常常寻求另一种方式表现自己。他们有的拉帮结伙,当"老大";有的独来独往,做"独侠",我行我素,无视他人的帮助。不难看出,在他们的反常表现中蕴藏着强烈要求受到他人尊重的愿望。

职教班学生种种心理障碍的产生与诸多因素有关,但最根本的原因是人们长期以来重视智育而忽视非智力因素培养的结果。为了有效地消除学生心理障碍,使他们重新找到自我,应主要做好以下几点:

一、严爱结合

现在的学生许多是独生子女,他们有共同的弱点:独立性差,依赖性强;自觉性差,随意性强。职教班学生表现尤为突出。为了使他们养成良好的学习生活习惯,非下一番苦功夫不可,必须从严从细要求,但严要有度,爱要有方。人是需要鼓励的,职教班学生更需有人给予肯定和表扬,给他们提供学习的动力,让他们品尝成功的喜悦。这些听惯了别人批评,习惯于他人冷落和轻视的孩子,在得到师生承认和鼓励时会激发积极向上的学习热情,充满了自信。

二、正确评价

消除学生心理障碍一个重要条件就是学生能正确进行自我评价。为此,教师要经常对其进行思想教育,使他们了解自己的智商和特长,明白自己学业成绩差不是脑子笨,主要是自己的毅力、兴趣、习惯等非智力因素不足所致。另外,多举行一些文娱、体育、小制作等活动,让学生充分展示自己的才华,张扬自己的个性,这样学生就会逐渐重新认识自己,战胜自我。

三、家校同教

学校教育和家庭教育各有特点,讲求整体施教效果,二者必须协调一致,相互配合。职教班学生并非品学兼优,而是或多或少带有一些问题,学校要及时与家长沟通了解情况,因材施教。学校教育与家庭教育有其互补性,有的学生在家庭中显得随意和任性,而在集体和教师面前常会收敛许多;有的学生对老师的要求和对违反校规校纪满不在乎,而在父母面前显得很恭顺。因此家校联合,共同教育是十分必要和有效的。

加强职教班学生心理健康教育是稳定生源、提高职教质量的保证,也是全面提高学生素质的重要渠道,更是时代的呼唤,未来的需要。为此,必须做好职教班学生心理素质培养,让他们笑对人生!

〔2005年5月发表于《敖汉教育督导报》〕

转差"六到位"

转差技巧是学校教育艺术的一个重要方面。技巧性的一些转差措施或行为,有可能成为差生进步的转折点。个人认为转差应做到"六到位"。

一、情感激励到位

教育家夏丏尊先生说:"教育没有了情感,就成了无水之池。"教师只有热爱学生,才能取信于学生。学困生生活有了困难,教师主动帮助他,为其排忧解难;学习上有困惑,应及时发现、及时辅导,帮他分析原因;家庭中出现了矛盾,积极去关爱他、体贴他。从细微处着手,用真诚的爱去温暖学困生,使其重新振作,对生活充满信心。

二、尊重信任到位

爱默生曾经指出:"教育成功的秘密在于尊重学生。"学困生往往因学习差或品德差而受人冷落,训斥和埋怨常常伴随他们,他们是多么渴望得到他人尊重和别人信任啊!为此教者必须尊重他们的人格,蹲下身子看他们,变怀疑为信任,变训斥为商量,变埋怨为关心,帮助他们建立起生活和学习信心,点燃他们心中希望之火。

三、希望期待到位

学困生学习自暴自弃,除了自身原因外,客观上被别人轻视,使之失去信心也是一个重要原因。教者应常说"你进步了,你的努力得到了认可"等一些赞赏言辞,切忌"你也太笨了,你长到老也看不到后脑勺"等偏激之词。

四、公正对待到位

学困生并非样样后进,事事有过,应多发现他们的闪光点,及时鼓励他们。如果他们犯了错误,要多调查、多分析,明确他们的责任,帮助他们分析犯错误的原因,指出他们的不足,这样一分为二、公正地对待他们,将会赢得他们的信任。

五、鼓励赞扬到位

一个学困生的心，如同一颗被污垢裹没了的珍珠，光彩暗淡，教师应慧眼识相，用鼓励之妙方去清除其污垢，哪怕是一瞬间微光闪烁都要抓住，表扬他，使其闪光变大。数其十过，不如赞其一长也！

六、反复教育到位

学困生由于自我克制力不强，时好时坏，"大错三六九，小错天天有"，面对此类学生，教师不能操之过急，横加斥责，而应细致耐心地帮助他们寻根刨底，查找"病因"，对症下药。一次次教育，一回回帮助，终将会感化他们，使他们重新振作起来，成为方方面面的强者。

〔发表于《中国农村教育报》2007年第四期〕

考生心理调适之我见

随着中考的临近，大部分考生都不同程度显现出紧张情绪，严重影响学习效果，最终导致中考成绩欠佳。为此，就这一点来说，考生的考前心理辅导与调适工作就显得尤为重要。

情绪紧张的具体表现：

考生情绪烦躁，易激动，易发火，易冲动；

考生心理担忧，不自信，不果断，不积极；

考生心理疲惫，失眠，头痛，无力，记忆力减退……

如何心理调适呢？调好心态是成功的一半。

1. 强化宣传，正视现实。学校要强化宣传，造就舆论氛围，要充分利用宣传橱窗、校报、校园网、板报、班会等对学生加强心理辅导和有效调适，让学生能够面对现实，找准定位，摆正心态。

同时，家长与教师要正视学生学习和生活中的压力，不回避问题，要有效解决问题。要培养学生的自信心，自信不是盲目，努力就应赞赏，要多鼓励，少批评，多体贴，少责问。学校与家长不应只注重结果，更应注重过程，要从过程中培养学生的自信，从点滴上培养孩子的性格，为学生创设一个平和宽松的学习环境。

2. 谈心倾诉，积极面对。面对考试的压力，教师要与学生多谈心，多沟通，多交流，成为学生的良师益友。要多开展师生谈心活动，疏导学生心理，纠正学生认识上的偏差。要让学生学会倾诉，学会表现，鼓励学生积极进取，引导学生高效学习，科学面对。教师要与学生共同分担，一起努力，当学生为考试坐卧不安，担心焦虑时，要让学生把感受倾诉出来，帮助学生解决问题。

3. 学会休闲，科学作息。家校合一，共同疏导，让学生放下包袱，轻装上阵,教学生学会休闲,带领学生一起散步,一起锻炼,一起活动,增强体质,转移注意力,让学生心情愉快地迎接中考。

古人云:"人之心不可一日不用,尤不可一日不养。"要注意科学休息,劳逸结合,作好计划,早睡早起,不开夜车,不打疲劳战。

4.家校联手,共同调教。为调适考生的心态,学校要举办家长心理讲座,通过辅导家长来调适学生心理,因为学生心理压力很大程度来自家长对孩子期望过高,望子成龙,盼女成凤,造成孩子压力过大。家长要摆正心态,与孩子一起面对。同时,家长要对孩子关心适度,不要整天谈学习,见面就说看书;要选择愉快的话题,让孩子放松下来,心情愉悦地面对考试。

通过调适,找准切点,准确定位,考生状态就会"渐入佳境",而后,"千树万树梨花开"的盛景就会如期而至!

〔2013年5月发表于敖汉教育网〕

如何防止初中学生数学成绩两极分化

初中学生数学成绩两极分化现象非常严重,它一直困扰着每一位数学教师,也是当下必须面对和解决的问题。部分学生对学习数学失去了兴趣,所学知识出现了严重的断层现象,学生成绩呈现两极分化,学困生增多,长此以往,数学教学效果不堪设想。为此,作为一名数学教师,一定要认真分析学困生形成的原因,寻找合适的教学策略,因材施教,最大限度地缩短差距,激发学生内在潜力,让学生积极地投身到学习中去,提高数学教学质量。

一、造成两极分化的原因

(一)学生心理因素

大多数学生之间智力差异并不明显,而导致学生成绩两极分化的原因,是缺乏学习兴趣,学习意志薄弱等。和小学相比,初中数学难度加深,学科接触面增大,教学方式出现变化,教师辅导相对减少,学生独立性增强,如果学习意志薄弱,一旦遇到困难和挫折就会畏缩不前,甚至丧失信心,定会导致成绩下降,影响学生学业成长。

(二)学科特点因素

从数学学科特点上看,学生掌握知识技能不系统,没有形成较好的数学认知结构,不能为后续学习提供必要的认知基础。如果学生对前面所学的内容达不到规定要求,不能及时掌握知识,形成技能,就会造成连续学习过程中的薄弱环节,跟不上学习的进程,导致两极分化。

(三)学生思维因素

初二学生正处于由"直观思维"向"逻辑思维"过渡的关键时期,没有形成比较成熟的抽象逻辑思维方式,极易表现出数学接受能力较差,认知不准确,从而导致了两极分化的出现。

二、防止两极分化的措施

在数学教学中转化学困生,减轻两极分化的几点做法:

(一)培养学习兴趣

教师要注重培养学生学习数学的兴趣,激发学习动机和学习愿望。为此,就要做到精心设计教学情趣,充分挖掘教材,合理设置悬念,激发学生的好奇心,引导学生运用所学知识解决身边的实际问题,体验数学源于生活,用于生活的乐趣,从而激发学生的学习兴趣,使学生产生强烈的求知欲,主动积极有效地学习。

(二)信任鼓励学生

在教学中,只有师生建立融洽的学习氛围,才能收到预期的效果。教师要主动接近学困生,平等对待他们,真诚帮助他们,热情辅导他们,寻找他们身上的闪光点,时时表扬,处处鼓励,建立和谐的师生关系,使学生乐意接受教师的指导和帮助,让他们在学习上有所长进,使其逐步体会到进步的快乐,产生自信。另外,教师要结合教材讲述古今中外名人学者苦学成才的故事,从精神上鼓励和帮助他们,树立克服困难的信心,增强学生的意志,培养学生的能力,从而提高教学质量。

(三)有针对性辅导

学困生多数对数学基本概念和定理模糊不清,不能用数学语言再现知识的系统性,知识掌握得比较零散,因此要降低教学的起点及习题的难度,合理安排教学进度,及时反馈信息,对每一个学困生进行耐心辅导,学生把简单的习题做对了,教师辅导时应及时加以肯定,再让他们试做稍难的习题,然后稍加指点,做对了再及时鼓励。针对不同的情况,分层教学,因材施教,从而逐渐提高学困生的成绩,缩小学习上的差距。

(四)教给学习方法

个别学困生在数学学习上虽然花了不少工夫,但因没有掌握较好的学习方法而使得学习成绩不理想,因此教师要有意识地培养学生正确的数学观,加强学法的指导和学习心理的辅导。同时,针对学困生逻辑思维能力不适应数学学习的问题,教师应在教学中把教学过程设计转化为在教师的指导下主动探求知识的过程,使学生在学习中逐渐掌握分析、比较、归纳、转化、综合等思考方法,逐步具备正确地进行判断、推理、抽象和概括能力,使数学成绩逐步提高。

（五）强化自身修养

古人云:"亲其师,信其道。"教师要学生喜欢自己所教的学科,先要使学生喜欢自己。因此,教师必须不断加强自身修养,增强自身的人格魅力,在教学中不断更新观念,吸取经验和教训,探究改革教学方法,用自己的教学能力赢得学生的尊重。

总之,只要我们审时度势,查清原因,采取措施,对症下药,就一定能够减少分化,齐头并进,保优促后,使数学教学更加和谐、高效。

〔2015年6月发表于《发现杂志》〕

对同学们的三点希望

—— 2014—2015学年下学期在学生大会上的讲话

各位同学，大家好！

借此机会和同学们沟通三点内容：学会学习，学会做人，学会立志。

一、学会学习

学习是学生的天职，作为学生必须把学习当作第一要务、头等大事。常言道：此时不学更待何时，荒废学业，后悔晚矣！

1. 勤学。业精于勤荒于嬉，勤能补拙，勤是良药。"勤"就是勤学习、勤思考、勤研究、勤动脑、勤读书，从勤中受益，从勤中提高。

2. 好学。孔子曰："知之者不如好之者，好之者不如乐之者。"好学就是兴趣、愿学、乐学，兴趣是最好的老师，学习兴趣对学习起着助推作用，你若对学习如饥似渴，达到废寝忘食的地步，你的学习成绩定会提高。学习不需要别人逼迫，逼迫是被动的学习，毫无效果；只有主动学习，积极学习，才会学有所获，学有所成。

3. 会学。就是以科学的方法，正确的方式来学习，要学得轻松，学得灵活，学得得法。很好地驾驭知识，真正成为知识的主人。这里要注重两点：一是多读书，注重知识积累。书读百遍，其义自见，书中有路，书中有金，读书会开阔视野。二是读好书，要学会摘抄，学会记录，学会提炼，学会生成，学会我用。

4. 会思考。注重知识理解。孔子曰："学而不思则罔，思而不学则殆。"思考是学习的灵魂，在学习中，知识固然重要，但思考更是重中之重。一个不会思考，只能被动接受知识的人，只能做知识的奴隶，死记硬背意义不大，知识再多也没用。所以，学习知识重在思考，重在理解，学以致用。学习中不能错过问题，有了问题不要急于问别人，欲速则不达，要独立思考，独立解决，这样可事半功倍。多复习，温故而知新。孔子曰：

"学而时习之，不亦说乎?"说明了复习的重要性。我们要注重学习中的复习环节，当天的功课当天复习，当天的事情当天解决，搞好单元复习、期中复习、期末复习等。绳锯木断，水滴石穿。只要坚持，我们就一定能掌握所需要的知识，掌握应有的本领。

二、学会做人

做人先做己，做己先修德。修德乃立人之本，成功之魂。对于中学生来说，要做到三点：

1. 正己以立德。做好人、做正事、做真人，一身正气，弘扬真善美，摒弃假恶丑。笃行正道，不走邪路。

2. 正道以立德。要戒骄戒躁，静心安神，多钻研学习，少调皮捣蛋；多读几本好书，少买些零食、杂物；多交几个学友，少拉帮结派；多些学生气息，少些"公子小姐"风头；修身养性，锤炼情操，以志提神，德才并举。

3. 养性以立德。修身养性，陶冶情操，对于学生实质就是：尊敬师长、孝敬父母；热爱学校，团结同学；遵规守纪，勤奋学习；自尊自爱，注重仪表；严于律己，遵守公德；诚实守信，礼貌待人；言行一致，表里如一，等等。

三、学会立志

胸怀理想，立志成才，报效祖国，勇于担当。

同学们，当你们第一天进入新惠二中大门时，你们就背起了父母的期望，摆在你们面前的是机遇和挑战。如何担当，如何成就，如何攻坚克难，做一个有理想的中学生是你们必须面对的问题，这就要求大家心怀理想，立志成才，回报社会。

理想是人生奋斗目标，一个人有理想，就可以像雄鹰一样主宰蓝天，翱翔星宇。理想是我们前进的指南，拼搏的动力。

俄国思想家托尔斯泰曾说："一个人没有理想，就没有了坚定的方向；没有坚定的方向，就没有了真正的生活。一个人一旦心中扎下理想之根，就会目标远大，信心百倍，也定会开花结果。"

如今，你们的目标是升入理想的高中学校，为此，就应该珍惜时间，争分夺秒，认真完成自己的学习任务。

诚然，有了理想还是不够的，如果不用血汗作为代价，不持之以恒，不永恒地守望，那么理想就会变成空想。因为理想不是现成的食物，而是一颗种子，需要我们去播种、去呵护、去耕耘、去收获。为此，对于我们来说实现自己理想的最好行动就是刻苦学习，不断努力！

　　只要我们树立目标，努力拼搏，总有一天我们会找到属于自己的蓝天，寻到属于自己的乐土！千里之行始于足下，百尺竿头更进一步。祝愿同学们在二中学习得好，生活得好，理想实现得更好！

　　也希望同学们：

山高愈前行，
梦好起征程。
奔跑在路上，
霞光耀天庭！

家教之歌

家庭教育是摇篮，
幼儿成长步蹒跚。
父母榜样作用大，
说话做事想周全。

家教方法最珍贵，
严爱结合要学会。
为人父母更为师，
只养不教半途废。

严爱结合最重要，
行为养成非一朝。
过分溺爱是杀手，
宽严相济方法高。

家校联教协手抓，
共同施教效果佳。
相互沟通讲策略，
孕育祖国新奇葩。

第二篇　教师成长篇

　　教师不只是一种职业，更担当着一种责任，教书育人，既是自己永恒的使命，也是对自己良心的责任。事业选择了我们，是要把我们当作火炬，不是照亮自己，而是普照世界！

初当校长之后

2003年12月，我被调到林家地中学任校长，为了不辜负上级领导对我的信任和重托，我全身心地投入到教育教学之中。每天都是早来晚走，工作身先士卒，勤勤恳恳，注重工作方法，团结同志。在教育教学工作中，始终坚持"以人为本，以德治校"的教育理念，学校的各项工作取得了前所未有的成绩。

一、协调关系，共建文明校园

文明的校风是一种无形的巨大精神力量，它可以使置身于这种环境与氛围中的学生受到熏陶与感染，促使学生们形成良好的品德和健全的人格。文明的校风更是创建文明学校的必要条件，而创建文明校风的关键，则要靠全体师生的共同努力，为此，要充分地尊重他们，信任他们，千方百计调动他们的积极性，要为他们做些力所能及的事儿。深入实际，发扬民主，虚心听取教师意见，并且严于律己，处事公正，决不允许有损师害德的现象发生。为了能把自己的心真正和师生们的心连在一起，我经常与教师促膝交谈，发掘教师的潜力，激发他们的工作兴趣，与刚毕业的年轻教师交朋友，使他们很快成为教学的主力军。年轻教师结婚后的住房、子女入托这些看来与教学无关的问题，我都帮他们认真解决；哪位教师家里有病人，跟学校打声招呼，我都会立刻组织人帮助看护。对于务真求实，工作责任心强，工作业绩突出的教师，学校会通过各种方式给予鼓励；对于体罚学生、乱收费等有违背师德的现象，一旦发现立即严惩，决不姑息迁就。对于生活困难的学生，我通过多种方式给予资助和支持；并且经常召开学生代表会和家长座谈会，倾听学生和家长的心声，经过一段时间的努力，学校的精神面貌发生了很大的变化。以校为家，勤奋敬业，勇于进取的教师多了，拖沓懒散，拈轻怕重，对学生不负责任的教师没有了；理想远大，学习刻苦，文明懂礼的学生多了，胸无大志，打架骂人，不求上进的学生少了。文明之花结出了丰硕的成果，2004年我校初升高考试中上重点线的学生首次突破50人大关。2003年9月，我校成功开办了职教高中班。本学期开学初，把职高班的学生全部输送到敖汉旗职教中心就读，联合办学取得了阶段性成果，也走出了自己的办学特色，得到社会的一致认可和好评。

二、言传身教，衣带渐宽终不悔

著名教育改革家魏书生曾说过："教师良好的品德是一颗种子，它一旦播撒在学生的心田里，就会绽开出灿烂的花朵。"俗语说："身教重于言教。"尤其是在社会文明高度发达的今天，在改革开放的新形势下，人们辨别是非、明晰善恶的能力大大提高。对于青少年学生，他们思维活跃，思想解放，敢于思考，敢于发问，他们对老师的批评，不仅察其言，而且观其行。所以，在学校管理中，要求学生做到的，教师必须首先做到。比如：我们坚决杜绝教职工在学校抽烟和在上班期间饮酒等不良现象，为了行之有效，我首先严格要求自己，坚决遵守学校规定。身为学校的主要负责人，应酬交往的事自然少不了。教师们看到我戒掉了已经抽了多年的烟，坚决不在上班时间饮酒，有的同志便拿我开玩笑，甚至想方设法让我"破戒"，对此我总是婉言谢绝。时间长了，同事们谅解了，教师们感动了，这条规定也特别有效地执行起来了。

校长的岗位是平凡的，责任是重大的，我愿在教育这片热土上尽情地泼洒自己的汗水，用行动诠释自己对教育的热爱，"衣带渐宽终不悔，为伊消得人憔悴"。

愿我的努力，能让学校多一抹绿色；愿我的真诚，能让学校多一片美好。

〔2004年2月发表于《敖汉教育督导报》〕

读书，永远的美丽

　　读一本好书，让我们得以明净如水，开阔视野，丰富阅历，益于人生。书籍就是望远镜，书籍就是一盏明灯，让我们看得更远、更清晰。奥斯特洛夫斯基说过："光阴给我们经验，读书给我们知识。"我们从七岁开始接受系统的校园教育，从小就牢记着前辈们常说的一句话："知识就是力量。"长大了，离开校园步入社会，走上了工作岗位，做了一名教师，就更离不开读书了。也许性格使然，也许是因生来身体协调性差，打球、跑步、跳舞等各种运动一窍不通，平生喜静不喜动，于是读书便成了打发业余时间最好的方式。常言道："茶亦醉人何必酒，书能香我不需花。"但凡有书，生活便充实快乐。读书成了我日常生活的一部分，也因为读书，觉得无论在工作上还是在生活中，都受益多多。

　　首先，读书能让自己成为更合格的老师。当今社会，科学技术突飞猛进，知识应用期日趋缩短，知识创新日趋鲜明，这就要求教师要不断吸取新信息、新知识、新理念，不断充实自己，始终站在知识的前沿；要不断完善知识结构，做到博学多才，与时俱进，学生才会"亲其师而信其道"；对所教学科，要知其然，更要知其所以然，才能抓住要领，举一反三，触类旁通，运用自如，才能激发学生的学习兴趣，提高学生的学习主动性。常言道："书到用时方恨少，事非经过不知难。"有人说，要给学生一杯水，教师应该有一桶水。这话固然有道理，但一桶水如不再添加，也有用尽的时候。我以为，教师不仅要有一桶水，而且要有"自来水""长流水"。"问渠那得清如许，为有源头活水来。""是故教然后知困，学然后知不足也。"因此，在学习中，书本是无言的老师，读书是我学习中最大的乐趣。作为教师，不仅要学习专业知识，精通本专业知识，还要学习与本学科相关的人文知识，如社会、心理、信息技术等，力求知识全面，只有自己的专业知识、业务水平提高了，对教育教学工作才更加热心，态度才更加积极向上。

其次，读书能让自己成为学生最欢迎的老师。常听学生家长说"我家的孩子只听老师的，老师的话简直比圣旨还灵，回到家里就谁的话都不听了"。在研读中，我想到了学生的向师性，这是一种纯洁的美好的心理品质，我们当教师的要好好地利用和开发。平时除了读一些教育理论书籍外，我也兼顾一些时代的新作品，常常把女儿爱读的书拿过来用心研读，这样不但与孩子们有共同的话题了，也能更加深入地了解孩子们的内心世界，同时自己也少了许多的老气横秋。因此，师生之间的关系逐渐融洽，班级气氛也极为活跃。在学生眼里，教师能够与他们平起平坐，他们的心理也就获得了一种平衡，这样的教师最能受到学生敬重。学生乐意与我走近，常把心里话告诉我，向我诉说烦恼，向我倾诉困难，我因此常和学生交流，这不能不说是一笔最宝贵的财富。回想每一次学生向我表达他们对我的感激和敬意时，我的心情都莫名激动，我总是深深地感受到了自身的一种最崇高的价值。毫不避讳地说，这种崇高，正是我在读书过程中最大的收获，是我不断学习、不断完善的具体表现。

再次，读书还能净化自己的心灵。读书的时候，人的精神是专注的，因为你在聆听一些高贵的灵魂自言自语，会不由自主地变得谦逊和聚精会神。即使是读闲书，看到妙处，也会忍不住拍案叫绝……长久的读书可以使人养成恭敬的习惯，知道这个世界上可以为师的人太多了，在生活中也会沿袭洗耳恭听的姿态。而倾听，是让人神采倍增的绝好方式。所有的人都渴望被重视，而每一个生命也都不应被忽视。你重视了他人，魅力就降临在你的双眸。读书让我们了解了天地间的很多奥秘，而且知道还有更多的奥秘，不曾被人类揭示，我们就不敢用目空一切的眼神睥睨天下。当你在书籍里看到了无休无止的时间流淌，你就不敢奢侈，不敢口出狂言。自知是一切美好的基石。当你把他人的聪慧加上你自己的理解，恰如其分地轻轻说出的时候，你的红唇就比任何美丽色彩的涂抹都更加光艳夺目。

当今时代，我们更需要摒弃浮躁，潜心阅读，通过更多为丰富生命、为成长心灵的阅读，来感悟世界和审视自己。读书，就是找到最真实自己的一种方法，让我们以优雅的读书姿态，重新找回本真的自己，与自己不断地重逢吧！

〔2015年4月敖汉旗教育读书报告会交流材料〕

发挥主导 重在善导 培养能力

德国教育家第斯多惠说得好,一个好教师不应仅仅给学生奉送真理,而应教导学生寻求真理,不仅重教——传道授业,而且重导——启发指导学生学习,毫无疑问,为学生提供精神食粮这是教师的天职,而另一种更重要的职能则是指导学生学习,发展学生摄取、消化、吸收精神食粮的动力与能力。这既肯定了学生主体的能动作用,更强调了教师的主导作用。个人认为,在新课改实施中,教者为了有效地发挥主导作用,应在"善导"上狠下功夫,多做文章。

"善导"就是善于引导,导之得法,注重实效。

1. 了解学情是"善导"的前提。教要有的放矢,目标明确。备课不仅备教材,更应备学生,不仅了解学生的学习效果,更应了解学生的学习动机、能力、方法、习惯等;不仅了解学生的共性,更应明确个体差异;不仅发现学习"闪光点",更应窥见"阴暗面",使教导有目的性、针对性,避免盲目性、随意性。

2. 创设情境是"善导"的关键。教师要想方设法激发学生的学习兴趣,创设和谐环境,努力使学生满足求知欲,达到乐学、爱学的目的。许多教师在这方面进行了有效尝试,如语文课在美的语言环境中,用"美读"去激发学生的情感体验,帮助学生理解语言美和文章的思想感情,在挖掘教材本身"快乐"因素上下功夫;或把游戏引进课堂,以"玩"激趣;也可在优美的音乐中,有说有唱,时缓时冲,去陶冶情操;也可把学生带到广阔的社会和自然里去实地观察,运用多种教学手段,调动学生的眼、耳、鼻、舌等感官,多方感知事物,引导学生将观察、思考、记录、表述结合起来,从而做到有静有动,内外结合,产生"引人入胜"的效果。

3.发挥学生主体能动作用是"善导"的核心。教师要学会用好启发诱导方法，要切实加强对学生学、看、思、议、练、做等活动的指导与训练，要给学生活动时间，并根据学生年龄特征，循序渐进地对学生进行自学训练、观察训练、思维训练、应用训练、动手操作训练等。古人云："授人以鱼，仅供一饭之需；授人以渔，则终生享用。"要教给学生学习方法，使他们养成良好的学习习惯，发展他们独立学、思、用的能力，才能充分发挥其主体能动作用。

当然，强调"善导"并非否定教与管，而是通过启发引导学生将师教、师管的目标转化为学生"内需因素"，从而转化为学生学知习行的内在动力。这样，才能适应新课改的要求，为新型教育开拓出源头活水。

〔2005年4月发表于《教育督导报》和《敖汉课改动态》〕

公开课不能失真失效

时下，新课改工作开展得如火如荼，成效显著。各校搞了一些公开课的展示，整体效果不错，但也不难看出有些公开课搞花架子，失真失效。

有些教师为了一堂公开课，又是制课件，又是用电脑，就连平时无人问津的录音机也派上了用场。教师冥思苦想，煞费心机，使用好教学设备，这是好现象，但问题是平时根本不用，用时手忙脚乱，大汗淋漓，只是为了这堂公开课来"作秀"、炫精彩。比如：语文教学，不管什么文章都配音，结果"乐不对题"，甚至把语文课讲成音乐欣赏课了。

课堂上，教师做好了准备和包装，师问生答，学生不管会与否，一概举手，争抢回答，但教者所提的问题，谁来回答，多长时间，事先已做好了"定位"，其他学生只是作陪衬，课堂表面活跃，互动热烈，然而实际却是一切按教师预设的轨道运行，毫无实效。

课堂上，不管什么课，什么问题，学生必须得讨论，似乎已成定势。课上时间有限，能发表意见的学生毕竟是少数，尖子生、小组长成了活跃分子、中心人物，学困生、不善表现自己的学生被牵着鼻子走。教师为了调节气氛，让同学们用掌声鼓励发言的同学，一些学生问题没弄懂，只好本能地鼓掌，看见他们木然的表情，呆滞的动作，实在可悲呀！

诚然，教师设计一堂公开课的教学目的、教学方法、教学过程等思路是好的，但不应为了追求表面的"圆满"，而忽略了学生个性培养和照顾大多数。个人认为，一堂课即使只抓住一个"点"，学生都真说出来，真写下来，真动起来，这就是收获。

为此，我们不要把学生培养成奴隶，而要培养成为自由的主体，为人师者，千万不要让浮躁遮住自己的慧眼，教学太需要踏踏实实了。

〔发表于《敖汉课改动态》2005年4月第12期〕

浅谈新课改下教师角色的转变

课程改革是教育改革的核心,新建构的基础教育体系是以创新精神和实践能力为重点,以促进学生身心健康、学习能力不断提高为终极目标,而传统教育体系弊端多多,有许多已不适应新时代发展要求。比如:

1. 学科课程过于注重知识的倾向性传授,而学生主动学习性不强;
2. 课程实施过于强调被动接受学习,而学生主动参与性不强;
3. 课程内容过于繁难偏怪,而缺少趣味性内容;
4. 课程评价过于强调选拔功效,而缺少侧重个性发展;
5. 课程管理过于集中,而缺少地方自主性和学校灵活性;
6. 课程结构过于强调学科本位,而缺少整合性。

当然,传统的基础教育虽然与时代发展有许多不适应的地方,但它功不可没,在过去的风风雨雨中,也曾撑起我国教育大厦的一片天空,为当今基础教育的改革奠定了扎实的基础。

教学,尤其是课堂教学,是实施素质教育、实施新课改的主阵地和主渠道。

本次课程改革是在传统的基础上而转变旧的教育理念,摆脱应试教育阴影的笼罩;转变教师的教学方式,让学生不仅成为学习和教育的主人,还要成为能够独立生活且有责任感的人;重建新的教育教学管理制度,进而成就新管理新评价机制。为此,在新课改实施过程中教师的角色定位、教师的角色转变更是重中之重,笔者认为应重点从以下几方面探讨和反思。

一、教师应是学生学习的组织者而不是主宰者

教师即组织者,以前教师是作为拥有知识的权威者而进行教育教学活动,完全以"教师为中心",教师的权利至高无上,教师作为知识的化身,

进行单向知识灌输,从课堂的教学设计、课堂气氛的营造等诸方面,教师都处于主角地位。常言道:有什么样的教师,就有什么样的学生。这种教育扼杀了学生个性的发展,湮没了学生的创造性思维,扭曲了学生的心灵,不利于学生身心健康发展和个性化知识能力的建构。

新课改下,教师再也不把知识的传授作为自己的主要任务和目的,也不再把主要精力放在检查学生对知识的掌握程度上,教师应成为学生学习的激发者、辅导者和组织者,为学生创造自主学习条件,从而真正实现教是为了不教,不教是为了更好地教。

二、教师应成为学生学习的引导者而不是主导者

传统教师观认为"师者,传道、授业、解惑也",课上教师的任务就是想方设法把知识灌输给学生。于是,学生完全处于被动地位,全盘接受,思维活动完全受教师的支配。教师的一支笔,一张嘴横扫天下,不重方法,只重结果,不重过程,只重成绩。

新课改下,主要任务是转变学生的学习方式,学生是学习的主体,学生的心愿和意识行为由自己来支配,任何人不能包办代替,大包大揽。教师的任务是引导学生自主读书,自己感受事物,自己观察、分析、思考问题,从而使自己明白事理,感受内涵,自己掌握事物的发展变化规律,进而培养学生会学习、乐学习、终身学习的能力。

三、教师应成为教育教学的研究者而不是旁观者

传统教学中,教学与研究是彼此分离的。首先是教与研脱节,教师只顾埋头教书,搞教研的人只搞教学研究,研究的课题不为教学所需,一些教师沉迷于旧经验、旧方法,吃等食,靠老本,无进取,少创新。其次是教与学不统一,专家研究的课题高深莫测,理论多多,实用性不强,教师只是旁观者,赶来凑热闹。

新课改下,教师应成为教育教学的研究者,这就要求教师要以一个研究者的心态置身于教学情境中,以研究者的眼光审视和分析教学实践中的各种问题,对自己的教学行为进行反思,对出现的问题进行探究,对积累的经验进行总结,使其形成规律性认识。比如:各学校开展的校本教研和小课题研究等活动,就是教师参与研究的一个很好范例,研学一体,很有实效。

四、教师应是教材的开发者而不是讲授者

传统教学中，教学与教材是彼此分开的，教师的任务只是教学，教学内容、教学参考等全由国家相关部门制定，教师成了各项规定的机械执行者，简单的照搬者。这就导致了教师离开教科书不知怎么教，离开教参不知怎样讲，教师丧失了课程意识和课改能力，与世隔绝，听之任之。

新课改倡导教师"用教材"，而不是机械地"教教材"，教师要创造性使用教材，要在使用教材中融入自己的科学精神和智慧，要对教材知识进行教学重组和整合，选取更好的内容，对教材深加工，设计出鲜活的课程来，充分有效地将教材的知识激活，形成符合自己个性的教材知识，从而更有效地进行师生合作。

五、教师应是社会开放者而不是封闭者

随着社会的发展，学校也渐渐社会化，它不再是社会中的一座"象牙塔"，而与社会格格不入，它越来越与社会生活联系紧密。一方面，学校教育不是孤立的、静止的，而是复杂的；当今社会经济飞速发展，信息大爆炸，作为培养人才的学校，不再是一方净土，要向社会展示，让人人参与，只有这样，教育才能不断进步，不断优化。另一方面，社会向学校开放自己可供利用的教育资源，参与学校的教育活动，人类在进步，社会在发展，学校教育与社会生活积极走向"一体化"。为此，新课改要求学校与社会互动，重视社会的教育资源，在这种情况下，教师角色必须改变，教师是社会的一员，是整个社会教育、科学、文化的共建者，教师的角色是开放的、社会化的，只有把握这一内涵，教师的价值才能真正体现出来。

新课改是时代发展的必然产物，课改需要教师在教学活动中不断探索、研究和实施，为此，作为实施新课改的教师，必须完成角色转变，地位转换，才能完成培养新时代人才的神圣使命！

〔2010年7月发表于敖汉教育网〕

倾情研拓管理路　德勤并立铸师魂

我从1989年7月参加工作以来，一直奋斗在教育教学一线，先后担任过中学语文教师、教研组长、副主任、中学校长、总校校长及新惠二中业务校长等职。二十多年来，我秉承严谨求实的工作作风，坚持克己奉公的做人态度，保持勤劳质朴的为民本色，坚守终身为教的理想信念，在平凡的岗位上忠实履行着自己的职责。

一、心系教研抓根本

我作为学校的教学管理人员，心系课改，情系学校，深研理论，密切关注教师的专业成长。采取"走出去，请进来，学他人，提自己"的培养方略，亲身实践，身先士卒，为打造一支素质高、业务精、能力强、善学习、爱敬业的教师队伍而不懈努力。在课改中，本着"以科研促教研，以教研促教学"的指导思想，立足学校实际，以教科研为先导，以服务教育教学为原则，以全面提高教师整体素质为核心，以构建学习型业务团队为目标，积极深入推进课程改革，结合学校实际，经多方论证，在我校建构起了"三段七层"本真校本教研体系，在课改实施中，效果明显。在教学管理工作中，不断总结经验和做法，理论联系实际，做到学以致用。同时，我撰写的多篇教育教学论文在《内蒙古教育》《中国农村教育》《中国育人》《赤峰教育》等教育刊物上发表。我主持的教育教学研究课题多次获得国家级和自治区级教科研成果奖。

二、科学管理促和谐

我作为学校业务主管人员，始终秉承学校的"为学生美好人生奠基，为教师职业幸福服务"的办学理念，把做师生喜欢的教师，办群众满意的教育作为自己的奋斗目标，扎扎实实抓管理，认认真真做事情。在工作中，善于理论联系实际，善于洞察新形势，用已有的业务素质和策略水平管理教学。带领学校的业务团队坚持践行科学发展观，努力提高教学管理水平，促进教学工作和谐发展。本着"以人为本，全面发展"的教学管理理念，不断在实践中发展运用，提高了业务管理效益，取得了较好的效果。新惠二中近三年教育教学质量年年攀升，社会影响逐年扩大。

三、勤政为公铸师魂

勤是立本之基，修业之石。"业精于勤，荒于嬉"，党员干部要克服工作中"嬉"的因素，把"勤"字当头。首先是勤于学习，不断提高自身修养和理论水平，做到理论先进，认识超前，学识渊博；还要勤于观察，经常深入到校园各处及各分管部门了解情况，倾听意见，发现问题及时解决；更要勤于实践，不扯皮，不拖沓，不敷衍，不推诿，不仅及时提出问题，更要及时解决问题，不仅脚踏实地，更要雷厉风行，不仅目标远大，更要工作勤勉；还要勤于思考，既能看到现象，又能想到现象背后隐藏的问题，既要把握工作时机，又能洞察发展方向，想别人未曾想，想别人不敢想，才能立大业。做事要以勤为本，当一天和尚撞一天钟，得过且过，不求有功，但求无过的思想作风坚决要不得。

多年来，我一直奉行着"修德以敬业、爱生以育人"的信条，以高度的责任感和强烈的事业心，在工作中兢兢业业，勤勤恳恳；在品行上克己奉公，清正廉洁，做到光明磊落，襟怀坦荡，不计得失，坚持党性，服从大局。不仅扎实干好本职工作，而且为师生办实事、做好事。我时刻铭记一名共产党员永恒的承诺："捧着一颗心来，不带半根草去"，用实际行动诠释了一名共产党员一心为公的天然本色！

〔2015年敖汉旗优秀党务工作者先进事迹材料〕

人生"四防"

—— 参观警示教育活动心得

2017年5月26日，我校全体师生参加了敖汉旗纪委组织的反腐倡廉警示教育活动，感受颇深，受益匪浅。

看到一个个常人能走到领导岗位，可以说"十年寒窗苦，披荆斩棘痛"，他们坚守了人生修剪与斧正，而光环璀璨，荣耀尽显，曾几何时，在路上……有组织的培养，同事的支持，自己的拿捏……成就了他们的理想，人生很精彩！而后，诱惑侵蚀，底线丧失，不能自已，千古成恨，损人害己，痛心疾首，悔之晚矣！

前车之覆，后车之鉴，细读尽思，时刻警醒，免蹈覆辙，应做好"四防"。

一、思想防"腐"

大千世界，思想至重，成败之本，劣线不破，严守规定，牢记责任，物欲不求，私利勿奢，洁身自好，管住自己，抗住诱惑，清正在德，廉洁在志，思想清明，万事皆益。

二、作风防"浮"

心浮气躁，意乱方寸，专制贪欲，丢掉侥幸。

首先，挚爱读书，以书明智，净化心灵，书中有金，益于人生。相反之下，精神匮乏，人性轰塌，需摒弃浮躁，潜心阅读，感悟世界，审视自己，寻回本真，人性至善。

其次，善待工作，懂得担当，明理责任，钻研业务，求精寻湛，讲求实效，多办实事，尽心履职，镌刻于心。切忌：工作涣散，缺乏朝气，拈轻怕重，斤斤计较，相互推诿，得过且过，工作浮漂，一无所就。

再次，心静如水，波澜不惊，淡泊名利，宁静致远，潇洒人生！

三、道德防 "失"

德乃立人之本, 成事之魂。

正己立德。正人先己, 规范言行, 光明磊落, 坦荡无私, 摒弃私欲, 品行端庄, 做事正派, 高风亮节, 己正德立。

修道立德。多讲政治, 身存正气, 弘扬善类, 抵制恶丑, 笃行正道, 不走歪道, 道修德立。

养性立德。戒骄戒躁, 静心安神, 修身养性。少涉俗事, 多研业务; 少嫌庸气, 多读好书; 少交佞人, 多交文友; 少官宦之气, 多君子风范。修身炼性, 锤炼情操。

四、生活防 "微"

恶小而为, 铸成大祸, 千里之堤, 溃于蚁穴。小事入手, 大局着眼, 严管自己, 三思而行, 耐住寂寞, 守住红线, 谨言慎行, 恪尽职守。

千里之行, 始于足下, 走好人生每一步, 为自己人生点赞! 绳锯木断, 水滴石穿, 持之以恒走下去, 为正道苍苍出彩! 善小而为, 恶小勿为, 实属为人之道。

大江东去浪淘沙, 泥石俱下, 经济大潮, 诱惑处处, 陷阱多多, 牢记教训, 勇立潮头, 防微杜渐, 警钟长鸣!

〔2018年1月发表于《赤峰教育》〕

用平凡铸就人生 以奉献成就事业

自入党以来，我认真学习党的"十七大"报告、邓小平理论、"三个代表"重要思想以及"科学发展观"的内涵，拥护贯彻执行党的教育路线、方针和政策。作为一名党支部书记和校长，我深知自己责任重大，始终模范履行党章规定的职责义务，并积极投身到"科学发展观"学习实践活动之中。在学校管理中，我坚持"以人为本，依法治校，科研兴校，内强管理，外树特色"的办学理念，把"办群众满意的教育，做群众满意的教师"作为我治校的目标追求，扎扎实实抓管理，认认真真做事情，争做一名合格的教育管理者和优秀的共产党员。

一、抓学习，明方向，做研究型党员干部

作为一名学校党支部书记就是要不断学习钻研，用知识武装自己，做研究型党员干部。一是加强理论学习。我积极参加各种政治理论学习，努力提高自身的思想理论水平，自觉把共产党员的先进性不折不扣地落实到日常工作中，较好地发挥了一名党员干部的先锋模范作用。在学习中，我特别注重学习的计划性、针对性和实效性，不断提高自身政治理论素质和业务工作能力。二是理论联系实际。在平时工作中，注重理论联系实际，做到学以致用；同时，结合工作实际认真撰写学习心得，做好工作反思，提出整改措施，有效提高了工作效率。

在工作中，我对自己高标准，严要求，时时处处为师生做榜样。每天，我必须思考的事：怎样让管理措施到位，怎样使校本教研取得实效，怎样使教学质量稳中有升，怎样让师德建设明显加强等。我找来相关的书籍，一本本翻阅，寻求真谛；与师生沟通交流，达成共鸣。虽然每天都很疲惫，但我常提醒自己干工作就要克服困难，战胜自我，尤其作为一名党员干部，更应该在困难面前勇往直前，在工作中品味快乐，在快乐中体现人生的价

值。无论是在成功还是在挫折面前，我都会怀着对工作的挚爱，对事业的虔诚，对理想的追求，用实际行动展示一名党员干部的风采。

二、抓工作，讲方法，做合作型党员干部

在生活中，热情开朗，积极向上是我的为人之道，与同事相处关系融洽，并能积极主动地帮助他人，尤其是那些家庭有困难的教职工，更是我关注的重点。我待人真诚，服务至上，妥善处理人际关系，为工作的有效开展创设了良好的环境。

在工作中，牢固树立合作意识、整体意识、大局意识，在管理中，加强对教师合作意识的培养，一切以集体利益为重，以工作为先，不计较个人得失，全心全意为他人服务。

在学习上，强化教师之间的相互学习，相互交流，共同提高，尤其我们创办了《贝子府教育信息》，以月刊的形式发至全镇中小学校，信息来自教学一线，来自教学实际，内容丰富，形式多样，人人参与，为教师之间的学习交流搭建了平台。

在校本教研中，我们每学期利用两周时间分片积极开展优质课展示及校际交流活动，全镇中小学教师全员参与，有效地促进了教师专业成长，提高了校本教研的实效性。

三、抓措施，求发展，做奉献型的党员干部

1. 强化对青年教师培养。针对农村中学年轻教师业务能力不强、骨干教师相对缺乏的现状，我们十分重视对青年教师和骨干教师的培养，分阶段有重点地开展各类教师的培养工作。培训结合教学实际，紧紧围绕"有效教学"这个主题，扎实开展小课题研究活动，教师在研究中挖掘自身的困惑问题，由同组教师共同归纳提炼，形成小课题，进而上升到理论，用生成的理论再指导课堂教学，取得显著效果。由于方法得当，培养措施得力，青年教师成长较快。2008年9月，在内蒙古自治区校本教研成果展示会上，我镇青年教师积极参与，迎难而上，认真准备，材料翔实，亮点突出，取得了较好的成绩，受到专家和同行们的好评。

2. 开展联片大教研活动。为了解决学校点多面广师资差的现状，我们在全镇中小学开展了联片大教研活动。全镇分成四个中心教研组，即贝子府中学、贝子府小学、王家营子小学、克力代小学四个教研组，成立教研组织,制订活动方案,定期开展活动,教师间相互学习交流,相互借鉴,共同提高。另外,在全镇中小学定期召开家长座谈会,向家长们介绍课改背景、实施情况、学校管理等,并不定期向家长发放联系卡,及时了解学生的学习生活表现,家校联手,共同施教。充分利用"3·15"和"9·15"教学开放周,把家长请进课堂共同参与活动,学生、教师、家长三位一体,形成课改合力,也取得显著效果。

3. 抓好教育教学质量。质量是信誉,质量是生命,质量是学校生存与发展的根基,贝子府中心校以教学质量全程监控的教学管理思路为引领,制定完善了《教学成绩奖励办法》,建立激励机制,并与全体教师签订了《教学质量责任书》,对各年级的教学质量进行跟踪、监控、评比、奖惩。在各项措施的引导下,我校教育教学质量稳中有进,社会认可度连年攀升。

4. 加强学校德育工作。在抓好教育教学质量的同时,我们积极探索加强德育工作的新路子:一是推行德育导师制,把师德建设纳入考核。二是实行师德承诺书制,强化师德建设。三是规范办学行为,严格治理"三乱"。四是抓好班主任队伍建设。充分发挥班主任的德育教育主力军作用,坚持每月召开一次班主任工作会议,及时总结经验,发现问题及时解决,树立典型,以老带新;规定每学期开学第一周为德育教育宣传周,学期末后两周为德育工作强化周,要求班主任与学生同步,强化岗位监督;加强班主任工作过程管理,实行班级日、周、月和学期末四级考核,并及时将考核结果公布;加强了对班主任的培训,努力把教书育人、服务育人、管理育人、环境育人落到实处。出台了《贝子府镇中小学班主任工作量化考核管理方案》,每个月按考核结果,核算班主任岗位津贴,有效调动了班主任的工作积极性。五是学校领导班子带头,遵章守纪,依法治教,努力办好人民满意的教育。

四、抓安全,重服务,做公仆型的党员干部

1. 抓好安全工作。本着"安全大于天,责任重如山"的原则,时刻把安全工作放到首位。贝子府中心校安全工作实行了"五项制度"。建立安全组织,加强安全领导,安全工作实行"一票否决"制;明确安全职责,层层分解到人,落实"一岗双责"制;开展各种活动,加强安全培训,实施安全工作督查制; 规范安全档案, 做好安全记录, 实行安全工作常态制; 将安全纳入考核, 强化过程管理, 强化安全工作考核制。

2. 做好服务工作。学校管理的最大价值就是如何为教师服好务, 进而为学生服好务, 可以说服务是现代教育管理的最高境界。所以, 一名好校长, 必须有服务意识, 当好师生公仆, 站起来能当伞, 俯下去能做牛, 耐得住清贫, 忍得住寂寞; 管理好自己的学校, 正确处理好班子间的关系, 当好主管而不主观, 处事果断而不武断, 充分听取大家意见, 做到互相支持而不拆台, 思想同心, 事业同干, 做到层层分工, 层层把关, 层层负责。在生活上, 关心和帮助教师, 想教师之所想, 急教师之所急, 对教师多关心和问候。在工作中, 身先士卒, 制度面前率先垂范。在思想上, 多倾听教师的心声, 有事多帮忙, 遇事勤沟通。

"捧着一颗心来, 不带半根草去。"这是著名教育家陶行知一生献身于教育事业的真实写照, 也是我奋斗在教育战线上的座右铭。老骥伏枥, 壮心不已; 风雨沧桑, 心性不变。我会始终站在教育这块精神高地上, 守望着自己的理想, 守望着那个甜美的梦, 谱写着一曲人生平凡而伟大的乐章!

〔2010年7月敖汉旗优秀党员事迹材料〕

第三篇　学校管理篇

学校管理是一门艺术，它精于细节，成于用心，得于规范，盛于创新。你的心在哪里，你就会在哪里成功。管理的最高境界就是：管就是为了不管，"不管"才是最好的管理！

爱驻芳华,让每一朵花都含香绽放

今天,能有机会和大家一起交流"随班就读"的教育话题感到非常高兴,可是我的脑海里却总是浮现着这样的画面:在一片春意盎然的草地上,一个叫安静的盲女孩竟然奇迹般地在花丛中捉住了一只飞舞的蝴蝶,她是在用心灵与自然交流,她是在用心灵触摸着绚丽的春天!是啊,谁都有生活的权利,谁都可以创造一个属于自己的缤纷世界。作为一名教育工作者,当我们面对一个弱势的群体,一些特殊的孩子,我们应该怎样去缝补那些折损的翅膀,我们应该怎样打造一片长空送给他们飞翔呢?

在大力提倡素质教育、推动教育改革的今天,随班就读工作日益显示出特殊的重要性。我们的工作目标是:用爱心唤起每一个学生的灵感,用智慧开发每一个学生的潜能,努力为随读儿童创造一个良好的发展空间,使他们获得最大限度的发展。随班就读工作实践着我们的办学理念:为每个学生走向成功奠基。

我们坚持"高看一眼,厚爱一层"的指导思想和特殊、优先的基本原则开展随班就读工作,使残疾儿童"进得来""留得住""学得好",突出表现在三个方面:

一、落实法规,不折不扣地做好随班就读的保障工作

(一)执行法规,保障随读学生顺利入学

特殊儿童是一个在学习和生活方面有着特殊需要的群体,为他们提供合适的教育既是他们应享有的权利,也是他们终身发展的渴望,更是我们的责任。因此我们要求每位教师认真执行《义务教育法》和《残疾人教育条例》的规定,督促残疾少年儿童(随班就读学生)的家长及时送其子女入学,家长不能以任何借口拒绝残疾儿童接受学校教育。这是法律赋予教师的职权,也是家长应当承担的义务。

（二）特殊关爱，保证随读学生正常接受教育

受教育权是随班就读学生的基本人权，作为从事随班就读工作的教师，我们坚决贯彻执行有关的法律法规，真正维护残疾少年儿童的受教育权利。我校口琴小学有一个叫张阳的残疾学生，由于父母都有重大疾病，孩子又没有自理能力，实在是不能到学校来上课，我们教师就自觉组成爱心接力队，利用双休日送教上门，风雨无阻，直至这名学生达到了初中毕业水平。

（三）做好工作，保护随读学生及其家长的人格尊严

在依法保障随班就读学生接受教育的同时，我们更注重保护他们的人格尊严，真正做到不歧视、不侮辱和不侵害。这些学生与正常儿童一样，都有一颗纯洁的心灵和丰富多彩的内心世界，但由于生理或智力上的缺陷，造成了他们生活上、学习上的诸多障碍，在交往的过程中，也形成了他们自己独特的心理特征。因此，我们告诉每一位教师，从孩子入校的第一天开始就要观察他们的表现，了解他们的心理，知道他们的需求，正确看待他们的缺陷，给他们更多的关爱与尊重。同时，尽量为他们做好保密工作，使他们不受到异样的目光，有一个正常的学习和生活环境。我们与随班就读学生家长的沟通也是采取个别谈话、单独交流的方式进行。

二、纳入规划，用特色教育保证就读学生安心学习

（一）精心制订计划，按序开展随班就读工作

学校对随班就读的工作非常重视，每学年都把这项工作纳入中心校的工作计划中，并要求各学校根据学生发展实际，制订详细的工作计划，并按计划严格落实，任课教师在备课时从随班就读学生的实际出发，针对他们的特殊需要，减少教学内容，降低教学要求；课堂的教学设计中体现对这部分孩子的指导；对特殊学生的作业本、试卷实行面批，及时辅导订正；利用课余时间，针对薄弱状况对他们进行个别辅导，并做好辅导记录，使他们学到一定的科学文化知识。

（二）落实"帮扶制度"，让随读学生快乐成长

我们为每位特殊学生安排一名伙伴"小老师"，使每一位特殊学生得到切实的关心与帮助，让他们感受到同学的友爱和温暖。在座位安排上，我们把随班就读生安排在离讲台较近处，便于教师在课上给予更多的关注；在平时的课堂教学中，教师们特别关注随班就读生，设计一些简单的问题，做一些基本的习题，让他们体验成功的快乐。同时，每位任课教师经常与家长保持联系，做好随班就读生的家访工作，学校、家庭、社会形成教育合力，使随班就读生保持快乐的心情，不断提高他们的成绩。

（三）创设有利条件，促进随读学生健康发展

学校要求教师定期与随班就读学生谈心交流，做好他们的心理辅导工作。鼓励支持特殊学生尽一切努力参加学校、班级组织的各项活动，如社会实践活动，使特殊学生在锻炼身体的同时，磨炼意志。另外，我们还了解这些学生的兴趣爱好，尽量创造机会，活跃他们的身心，发展他们的个性，坚定这些学生对学习和生活的信心。

（四）强化个别辅导，补齐随读学生各项短板

学校根据特殊学生的具体情况，有计划、有针对性地开展相关训练。学校安排兼职资源教师对特殊学生进行跟踪式训练，补偿缺陷，提高能力，提升信心。在课堂教学中我们采取伙伴教学、合作教学、分层教学、个别化教学等不同的教学模式，保证随班就读学生能够学有所获。

三、注重细节，深化管理，用关爱伴随学生健康成长

（一）构建网络，强化管理

对随班就读学生的管理：建立三级管理网络，即"中心校—学校管理—班级管理"管理体系。成立学校随班就读工作领导小组。工作小组由分管校长、分管教导主任、教研组长、心理辅导老师、班主任及任课教师组成。定期研究随班就读学生个案、教学实施、学业评价、学籍管理等，定期召开随班就读学生家长座谈会，每学期做好随班就读教师工作质和量的评估认定、奖惩以及家长联系工作等。

（二）建章立制，规范教育

我中心学校统一制定了随班就读的各项制度，下发到所属中小学，对任课教师的日常教育教学工作提出了具体要求，如《特殊教育管理制度》《特教教研组管理规程》等。突出四个"多"：多联系、多交流、多关心、多活动。"多联系"也就是班主任老师必须对自己班级的随班就读生每学期至少家访四次，每周电话联系一次。"多交流"则要求任课老师对特殊学生的作业进行面批；对特殊学生作个别辅导，每周至少3次。"多关心"则

要求任课教师给予特殊学生温馨提示,如每天有一个善意的提醒,每天对他说一句关心的话等。"多活动"则强调特殊学生平等参与班级每一次活动,并给其锻炼、成功的机会。

此外,还要求教师对特殊儿童教学必须做到五个"适":一是教学内容的选择要"适合",因人而异,力求接近特殊儿童生活实际与发展需要;二是拟定教学目标要"适度",表述具体明白,不提过高的要求,处在最近发展区;三是设计教学方法要"适当",注重形象直观,可操作性,在活动中学习;四是作业难度要"适中",作业以"能完成"为标准,控制作业量,评价方法要多元化,以鼓励为主,提高其自信心;五是课堂气氛要"适宜",营造和谐氛围,实施伙伴助学,使特殊儿童及时得到帮助。

有了制度的保证,那些有特殊教育需要的少年儿童在日常学习活动中也能学到一定的科学文化知识,并掌握基本的生活、劳动技能,也能体会到老师的关心、同学的真诚,为他们今后的工作和生活奠定基础。

(三)抓好细节,爱驻芳华

爱是随班就读学生成长的沃土,我校随班就读工作关注每一个细节,在细微之处体现对学生的关心与爱护,让爱伴随学生健康成长。

1. 教师在无私奉献中播洒爱。在选派随班就读教师时,我们一直坚持"精挑细选"原则,把那些有爱心、有耐性、师德好、业务强的教师安排在一线,努力做到"讲解与形象示范相结合""语言表达与态势表情相结合",使学生与授课教师形成默契的沟通,师生能够通过读懂彼此的眼神、动作等进行领会和感悟,做到随班就读学生与健全学生共同发展。在学校生活中,教师用无私的关爱赢得随班就读学生的信任,以独特的亲和力消除他们的孤寂、畏惧心理,成为他们的伙伴。

2. 同学在团结互助中传递爱。安静、优雅的环境,互帮、互助的班风,理解、尊重的伙伴,在随读生健康成长的过程中起着不可忽视的作用,有助于挖掘随班就读学生的潜能,促进缺陷的补偿矫正,促进学生个性的健康发展。因此,在随班就读学生的班级,无微不至的关心和帮助随处可见:驿马吐小学四年级开展的"同在蓝天下,关爱你我他"主题班会活动中,同学们畅所欲言,懂得了正确对待残疾儿童的意义和做法;贝子府小学二年级二班开展的"最美的声音"诗歌朗诵比赛中,经久不息的掌声则道出了同学们心中最真挚的友谊和祝福；品学兼优、有热情、有耐心的学生被安排为随班就读学生的同桌，年龄、知识水平、兴趣等具有相似之处的同学成了随班就读学生的助学伙伴。在老师的指导下，随读学生与普通学生没有了沟通和交流的障碍，在学习和行动上互相帮助成了一种习惯，平凡的同学关系升华为童年时代的快乐伙伴，纯真无私的爱在团结互助中得以传递。

3. 家庭、学校、社会在沟通交流中凝聚爱。随班就读工作的开展需要家庭、学校、社会一体化的教育合力。班主任、任课教师等定期与家长联系，反馈了解学生在校、在家的学习、生活情况，并及时记录在家校联系卡上，这样随着社会、学校、家庭教育的同步进行，为每一个学生擎起了一片属于自己的蓝天，细致入微的工作开展令家长感到欣慰，家长由对学校隐瞒病情变为敞开心扉，由对学生是否能够适应学校生活感到迷茫转化为对学生安置情况非常满意，由被动的交流变为对学校工作开展提出合理化建议。

每个人的生命都是美丽的，无私的奉献使教师的职业更神圣，细微的关爱使残障学生的生命更美丽，在学校这个大家庭里，宽阔的操场上有他们跳跃的身影，整齐的队伍中有他们灿烂的笑容……我们用博大的胸怀带他们走出了无声与无知的世界，使他们与健全学生一样拥有了一片属于自己的晴朗天空。

"为每个学生走向成功奠基"是我们不变的承诺，我们坚信：有爱驻芳华，每一朵花都会含香绽放！

〔2010年10月全市"随班就读"先进事迹汇报材料〕

管用结合好　"远教"受益大

　　长胜中心学校共有24所远程教育项目校，几年来，我们本着"配备为基础，管理为关键，培训为重点，应用为核心"的原则，紧紧围绕远程教育资源应用这个中心，突出抓好建设、管理、培训和应用四个环节，从而强力推进现代教育技术手段与新型教学方式在中小学教育教学中的广泛应用，努力实现学校的跨越式发展，取得了可喜的成绩。

一、突出重点，抓好应用，开创教学工作新局面

　　光盘播放、资源接收和微机室三种模式的应用是实施远程教育工程的核心，也是推动农村教育改革与发展的有效手段，为充分发挥工程效益，我镇各项目学校牢固树立服务教学、方便教学和促进教学的意识，坚持以面向学生推进教学应用为核心，以提高农村中小学教育质量为根本，把工程设备和资源的应用作为一项长期任务来抓，坚持做到"两个结合"。

　　（一）坚持远程教育与常规教学相结合

　　在此方面，我们重点抓好"三个纳入"和"三个应用"。"三个纳入"是各学校将远程教育教学应用纳入课程表，提高远程教育设备和资源的使用率；将远程教育纳入教师培训、校本教研和课改计划，从制度上推进三种模式的应用与研究；将远程教育纳入我镇农村教育改革和发展规划，发挥远程教育在提高农村劳动者素质、推进农村经济社会发展方面的作用。抓好"三个应用"是针对三种模式的功能和特点，为满足不同教学需求，积极推进三种模式的基本应用、整合应用和拓展应用。首先，切实抓好基本应用。各项目学校充分组织学生观看光盘、教学资料，扩大学生的知识面，并将光盘播放与课堂讲授相结合，实现光盘中教师在教室中与学生之间的互动式教学，这种模式，使教师从单一的知识传授者变成学生学习的引导者和课堂教学的组织者，农村孩子可以直接看到全国优秀教师讲课，从而增强了课堂教学效果。项目学校通过卫星接收的电视节目、数字化教学资源，结合学校已有的课程资源，实施多媒体教学，丰富多彩的教学内容，形象直观的教学手段，学生们普遍感到通俗易懂，进一步增强了学习兴趣。其次，推动学科整合应用。我镇许多项目学校利用多媒体网络、各计算机教室，普遍开展了信息技术与学科教学整合实践。实施教学资源整合，在现代教育理论指导下，教师对从卫星接收到和从互联网搜集到的资源以及教学素材库中的资源进行科学的编排和再加工，建立符合课程需要的教学资源库，为教学设计奠定了基础。实施信息技术与学科教学整合，一些项目学校将整合后的资源有机融合到教学设计、教学过程和教学评价等方面，实现教学方式的根本转变。再次，不断深化教学改革，实施与研究性学习方式的整合。一些项目学校积极探索在网络环境下实现学生、教师、教材、信息技术四要素合理建构及有效互动，通过信息收集整理发布、小组协作学习等方式，开展探究式、合作式学习，拓展学生的学习空间，将学生引入自主学习、自主发展的天地。最后，努力搞好拓展应用。长胜中学、长胜第一小学积极发挥对周边学校的辐射作用，实现资源共享。一些模式二项目学校，利用卫星资源优势，将接收下来的优秀教学节目刻录成光盘，发放给其他校使用；许多模式三项目学校利用自身资源、师资优势，对周边学校实施指导。

（二）坚持远程教育与其他教育相结合

为了加速农村信息化进程，把中小学远程教育、农村科技培训和农村党员干部教育结合起来，努力拓展资源应用范围，更好地为发展经济服务，为建设社会主义新农村服务。一是加强远程教育与农民增收致富相结合。各项目学校利用节假日开放远程教育设备，提供场地和方便条件，积极开展农民文化和实用技术培训、农村党员干部教育和卫生科普知识宣传，努力把学校建设成农村的文化中心、党员干部教育中心、农民实用技术培训中心和农业科技推广中心，促进当地农民群众科技文化素质的提高。全镇各村小学都配备了彩电、电脑、光纤接收设备、远程教育设备专用柜、桌椅等配套设施，在为学生服务的同时，又为全村农民举办远程教育培训班，内容包括党员干部时事政策培训、青贮饲料技术、灌溉施肥技术、棉花和小麦种植技术、牛羊育肥技术、林果业管理技术、设施农业、计划生育基本常识等，受教育的党员干部和群众达万余人次，使远程教育工程也成了农村兴教富民的一座金桥。二是加强远程教育与农村基层党组织建设相结合。把农村党员干部现代远程教育培训这种新的形式、新的载体运用到农村基层组织建设中去，与党员先进性教育、法制教育等有机结合起来，积极开展"利用远教抓党建，抓好党建促发展"宣传活动，切实保证农村基层组织在社会主义新农村的政治、经济、文化建设中发挥更大的作用。

二、学以致用，劳有所获，远程教育大放异彩

(一)服务课堂，为课堂教学情景增添色彩

远程教育服务课堂教学，主要是为课堂教学提供资源支持。教师们在网上下载学科知识，适时合理地应用于课堂，无形中扩大了课堂教学的内涵与外延，丰富了课堂教学的形式，改变了"一支粉笔、一张嘴"的传统教学模式，提高了学生参与学习的积极性和主动性。有的教师把每一课所搜集的相关知识分类编辑整理，设计成非常实用的教学辅助材料，既服务了自己，又方便了他人。除此之外，教师还自己设计制作课件，并通过上传资源与其他名校教师互相沟通，资源共享。远程教育资源的利用，不仅使我校教师的课堂异彩纷呈，精益求精，也有效地推动了素质教育的实施，提高了教师的业务素质。

(二)促进科研，为课题研究提供方便条件

利用网络信息技术进行课题研究，为我们在许多具体问题的解决上提供了众多快捷、便利的途径和方法。如：进行一些问题的调查或问题的研究，利用网络要比去社会上实践调查轻松得多，便捷得多。不但缺少资源的苦恼迎刃而解，而且教师完全可以拿出教学活动的"空隙"时间，随时随地进行学习，不断提高自己的专业水平。

(三)开展培训，为教师专业成长搭建平台

我们坚持"边探索、边实践"的原则，充分利用现代远程教育资源开展师资培训和研究性学习，进一步转变教师的教育观念，努力提高教育资源的利用率。同时，我们对远程教育资源进行分类整合，选择使用，利用刻录机对教育资源中的优质示范课等内容及时刻录，建立校园资源库，供教育教学参考、利用；采取定期集中和自由上机两种形式，让师生自由浏览远程教育网中的"教育资源""课程资源""学习指导"等内容，认真组织交流、讨论等，进一步提高教师的课堂教学水平。

（四）学以致用，为课堂教学增效提供保障

通过一段时间学习实践，我镇广大教师的教育思想、教育理念得以更新，并把先进的教育理念、教育思想应用于教育教学之中。远程教育资源、网络教育资源以及其他各类教学资源充分利用，使教师教育教学技能大大提高。同时，现代教育技术装备在课堂教学中的广泛运用，加大了课堂教学容量，增加了课堂教学的趣味性和艺术性，也极大地激发了学生的学习兴趣，从而更好地提高了课堂质效。

现代教育技术的有效应用，实现了现代教育技术与教学实践活动的接轨。几年来，我校加强远程教育资源的管理，充分利用好远程教育资源，取得了良好的效果。今后，我们将不断总结经验和教训，继续改进工作思路，大力推进现代教育技术的应用，充分发挥远程教育的作用，使其更大限度地服务于教学，服务于课堂，服务于社会，争取使我校的教育教学质量在远程教育的扶持下飞得更高，走得更好。

〔2008年6月敖汉旗远程教育工作经验材料〕

加强行风建设 优化育人环境

振兴教育, 希望在教师, 关键在人才, 要以人为本, 以德立校。为此, 我校在局党委和镇党委的正确领导下, 在全体师生中广泛开展了师德行风建设评比活动, 活动本着"干实事、出实招、求实效"的原则, 采取了"三突出"策略, 即突出"严"字, 完善制度, 规范行为, 不走过场, 不求包装, 力求实效; 突出"重"字, 重点在解决师德师风、行风政风上狠下功夫; 突出"恒"字, 活动开展坚持不懈, 持之以恒, 决不毕其功于一役。活动开展得如火如荼, 硕果累累。

一、建章立制, 确保行风建设活动的有效实施

1. 实行师德承诺书制, 强化师德建设。每学期, 中心学校与全体教师都签订了师德建设承诺书, 若教师违反部分条款, 在晋级晋职、评优评模上, 实行"一票否决", 以此来匡正教师的教育教学行为。同时又把教育局制定的《教育行风二十五条禁令》发放到每一位教职工手中, 认真学习, 加以领会, 接受学校、社会、家长的监督。3月份, 中心校举行了"师德行风建设教师集体宣誓"活动。

2. 推行德育导师制, 把师德建设纳入考核。按教育局的文件精神, 我校推行了德育导师制, 并在贝子府中学、贝子府中心小学和西荒小学进行了试点。通过精心组织, 严格过程监控, 师生精神面貌焕然一新。同时, 中心学校还制定了德育学分制管理办法, 此项制度的实施推动了学校德育工作有效开展, 创设了和谐向上的校园氛围。

3. 实行师德经验交流制。5月份, 中心校组织召开了"师德经验交流会", 起到了典型引领、榜样带动、互相学习和共同提高的作用。

4. 实行行风建设"三化"制, 确保行风建设成效。依据教育局要求, 制定了《贝子府中心校行风建设活动实施方案》《贝子府中心校行风建设活动评价细则》等,不断完善行风建设管理措施和评价机制,使行风建设制度化;中心校每月对中小学师德师风建设情况进行一次督查和评价,每学期进行一次总评和一次表彰,促进了行风建设常规化;为强化师德建设,中心校又相继出台了《贝子府中心校学校教学常规管理办法》《贝子府中心校教职工师德规范》等,倡导教师热爱学生,热爱教育事业,做群众满意的教师,用制度做行风建设活动的标尺,以此来匡正教职工教育教学行为,促进了行风建设的规范化。

二、结合活动,深化行风建设活动的内涵

1. 开展"三学三比"活动。我校按局党委要求在全镇广大师生中开展了"学理论、学技能、学先进,比思想、比能力、比贡献"的"三学三比"活动。我们本着"以比促学,以学促进"的宗旨,按照"提高认识想干事,学好本领会干事,要么不干事,干事就干好"的要求,全体教师把"学"作为提升途径,把"比"作为前进的动力,在"比"中找不足,在"学"中促长进。

针对"三学",结合教学实际,狠抓校本教研活动,充分发挥全镇五个中心教研组的作用,联合开展校际交流活动。2008年9月,《贝子府教育信息》成功创刊,为教师搭建了传递教研信息,交流师德经验的平台。同时,紧紧抓住"3·15""9·15"教学开放周的有利契机,开展了各种形式的主题活动。今年我校的"3·15"教学开放周,布置早,参与广,实效强。从3月16日至3月29日,利用两周时间,全镇各中小学根据本校实际广泛开展了"开放课堂""社会实践""专题教研""征求意见""才艺展示"等系列主题活动,旗教研室专家、学生家长走进课堂参与听评课,实现家庭、社会和学校三位一体,共同施教。

针对"三比",我们在教师中开展了岗位大练兵、大比拼、教学基本功大赛和优质课评选活动。组织开展了"五个一"评比活动,即写一手好字,写一份优秀教案,上一节有创新性的公开课,写一篇有价值的论文,组织一次有意义的实践活动。

结合"三学三比"活动,中心校组织开展了"讲正气、树行风、展风采"教师专题演讲比赛;开展了人人争做师德标兵、学习标兵、课改标兵、质量标兵和人人争创优质论文、优质课堂、优质活动、优质班集体的"四争四创"系列活动。通过"三学三比"系列活动的有效开展,形成了管理民主样样规范，教师工作人人争先，"三学三比"红红火火，教育教学双双丰收的良好局面。

2. 开展"四评"活动。中心校定期召开会议，告诫教职工不要闯"三乱"这根高压线，违者严办；定期到各校调研检查，积极开展学校评教师、家长评学校、教师评班子和社会评学校的"四评"活动，通过民主测评，了解情况，发现问题，及时处理，决不迁就，有效地扼制了违法乱纪事件发生。

3. 开展家校联谊活动。我校建立了良好的家校联谊制度，用好班主任工作手册，用好校信通，组织开展"师爱到万家"活动，班主任做到了"三必访"（困难家庭学生必访、单亲家庭学生必访、后进学生必访），及时了解不良行为学生的思想动态，切实关心他们的学习和生活，帮助他们解除心理障碍，让学生在友爱和谐的环境中健康成长。通过家校联谊活动的开展，多数学困生转变了人生观念，树立了远大的理想，积极为班级、为学校、为家庭、为社会做好事，并努力刻苦学习。

4. 开展"创先争优"活动。为深入学习党的十七大精神，全面贯彻科学发展观，按镇党委的要求和部署，开展了"创先争优"活动。首先成立了贝子府中心学校党支部"创先争优"领导小组，制定了《贝子府镇教育系统深入开展"创先争优"活动工作方案》，召开了全体党员、干部和教师代表参加的动员大会。确定了贝子府中心学校党支部"创先争优"活动主题：转变思想观念，解决突出问题，构建科学机制，提高办学效益。通过学习、调研和分析，使全体干部职工更加深刻地理解"创先争优"活动的现实意义及深刻内涵，充分认识到加强领导干部作风建设的重要性和紧迫性，大家学习热情高涨，态度端正，严肃认真。

通过行风建设活动的广泛开展，全镇教育系统形成了"比、学、帮、带"的浓厚氛围，教师德艺双馨。一是师德师风明显改观，工作热情空前高涨，出现了"四多四少四没"现象，即关爱学生多了，违反常规的少了，办班补课的没了；深入班级的多了，松懈怠工的少了，出工不出力的没了；学习读书的多了，在校办私事的少了，扰乱他人工作的没了；潜心研究教学的多了，得过且过的少了，停止不前的没了。二是强化了能力建设，提高了业务水平，形成了教师对工作安心，家长对孩子放心，社会对教育热心的良好局面。三是有耕耘就有收获。2009年12月，贝子府中心学校先后被旗教育局和市教育局评为"学校管理先进单位""两级巩固提高先进单位""职业教育工作先进单位"，被敖汉旗委评为"标兵文明单位"，被敖汉旗总工会评为"模范职工之家"。2010年7月，在全旗中小学教学技艺大比拼中贝子府中心校获"最佳组织奖"，同时又获小学组"团体三等奖"和中学组"团体二等奖"。2010年10月，贝子府中学和西荒小学被市教育局分别评为"赤峰市宿舍管理示范单位"和"赤峰市学校基地建设先进单位"。在行风建设活动评比中，涌现出了一大批旗级以上优秀教师和先进工作者，他们在各自工作岗位上学先进，勇争先，会拼搏，起到了以点带面的作用。

总之，比才知不足，学方能进步。在学校教育这块沃土上，我们正乘着行风建设活动的方舟，披风斩浪，一路前行。期待着我镇广大师生在行风建设活动的历练中更加德艺双馨，我镇教育事业在全旗"师德建设年"评比活动的映照下更加熠熠生辉！

〔2011年10月在敖汉旗行风师德建设会上的发言材料〕

回眸过去 展望今朝

　　硕果累累的2011年已悄然而去,激情多多的2012年已姗姗走来,回眸过去,无怨无悔;展望今朝,豪情满怀。

　　过去的一年,在上级领导的大力支持下,全校上下,齐心协力,紧紧围绕教育局开展的"八个年活动"工作要求,坚持以科学发展观为统领,以全面提升质量为核心,优化管理,突出特色,较好地完成年度各项工作目标,促进了全镇教育教学工作和谐、健康和有效发展。

　　一、常规管理成效凸显

　　1. 管理制度扎实有效。目标化管理制度、联系点制度、校长主任述职制、教师综合考核制和信息交流制等制度的实施,提高了管理水平,提升了管理效益,我镇在2009年被评为"赤峰市学校管理先进乡镇",全旗仅两家获此殊荣。

　　2. 特色工作亮点突出。在将常规管理抓实抓细的同时,各校大兴创建特色工作之风。贝子府中学在培养教师专业成长、德育导师制及名师工作室等活动开展上进行了有效尝试;贝子府小学以开展活动为载体,创办艺术特色,关爱留守儿童,开展爱心教育;西荒小学抓寄宿制学生管理,从细微处入手,搞勤工俭学建设,从实验基地上下功夫;王家营子小学注重对学生良好行为习惯养成培养,把对学生的目标培养定位在"说文明话、办文明事、做文明人"的标准上,学校从实际出发,本着大处着眼,小处着手,落实在具体工作中;克力代小学的德育工作形成了系列化、常态化,开展得有声有色;铁匠营子小学从常规教学抓起,强化学校内部管理,实行了用章管人、以情感人等多项并举的人性化管理模式。月明沟小学、哈布齐拉小学和设力虎屯小学虽然老教师多,师资水平参差不齐,但想方设法调动教师的积极性,教师干劲足,教学成效显;口琴小学、驿马吐小学和后坟小学常规管理抓得实,传统教学用得好,特殊教育抓得牢;王家营子幼儿园立足实际,强化管理,千方百计提高质量,社会反响好,群众满意度高。

3. 教学质量稳中有升。坚持以教学为中心,稳步提高教学质量。抓过程管理,抓实际问题,抓制度完善。中心校业务人员经常深入基层,深入课堂,关注教师,听课讲授,指导教学;严格落实"备、讲、辅、批、考、评、补"等各个环节,优化课堂提质增效。结合"3·15"教学开放周,积极组织"教学技艺大比拼"活动,采取校赛、片赛和集中赛等形式,专任教师全员参与,效果较好,在全旗教学技艺大比拼活动中,有多名选手获奖。中学组、小学组分获团体第三名,中心校获最佳组织奖。为确保技艺大比拼成果,又结合"9·15"教学开放周,开展了听评课活动,打破以往听一听、评一评的旧模式,采取"四结合方式"开展活动,即结合教学实际问题进行研究,结合小课题内容进行研究,结合学期目标要求进行研究,结合现代化教学手段进行研究,成绩喜人。为此,教师自身得到锻炼,教研质量得到提高。2011年6月,在全旗教学成果展示中,我校荣获第二名的好成绩;在初升高考试中,我镇考试成绩位居全旗第三名。同时,实行两条腿走路,职普协调发展,职业教育也获得"敖汉旗职教工作优胜单位"称号。2011年11月,我校又荣获"赤峰市特殊教育先进单位""赤峰市师训先进单位""敖汉旗信息工作先进集体""敖汉旗优秀少先总队"等多项荣誉。尤其可喜可贺的是在2011年学年末全旗综合考核中,我校荣获全旗第一名的佳绩。

二、主题活动稳步推进

1. 校园文化建设初见成效。校园文化建设是全旗教育工作重点,我校本着以人为本的理念,以建设和谐校园为主线,开展一系列活动,全镇各校均有突破、卓有成效。在2011年12月全旗学校文化建设拉练检查中,我中心校作为点检单位迎接检查,并在大会上进行经验介绍,反响较好。

2. 教改成果推广深化。①立足常规管理,提高教学质量。严把集体备课关、课堂教学关、课堂常规关、成绩检测等四关。②立足过程管理,规范教学行为。学校管理人员深入学校,结合教学实际,确保课堂质量。同时,加大对备、上、留、批等环节的检查力度,及时讲评,及时反馈,及时解决。③立足课堂研讨,解决实际问题。利用"3·15""9·15"开放周,积极开展校本教研活动,同时按教育局安排部署,积极稳妥地开展"以导促学、同伴合作、构建有效课堂"的课堂教学模式研究活动。2011年,我中心校获得敖汉旗第二届教学技艺大比拼最佳组织奖。

3. 后勤管理规范有序。树立服务意识,规范后勤管理,精心谋划工作,有序稳步实施。①提高认识,统筹规划。中心学校、寄宿制学校成立专项推进领导小组,责任到人,狠抓落实,结合实际,制定规划,循序渐进,逐步落实。②加大投入,改善条件。加强硬件基础设施建设,改善寄宿制学生的就餐和就住条件,想方设法优化就住环境。③强化管理,规范服务。严格管理,按规定办事,明确责任,提高质量。

4. 校安工程进展顺利。2011年,我镇校安工程项目是贝子府小学移址新建工程。按上级要求,加强管理,强化监督,做好记录,搞好协调,确保质量,进展顺利。

5. 师德行风明显改观。扎实开展"师德行风创优年活动"。做到"三突出":突出"严"字,完善制度,规范行为,不走过场,力求实效;突出"重"字,重严厉、重落实、重效果;突出"恒"字,坚持不懈,持之以恒,形成长效。实行了"师德承诺书制""师德经验交流制",开展了"四评"活动、"家校联谊"活动和"创先争优"活动,效果显著。2011年,被评为旗级"三学三比"先进集体。

6. 安全稳定成效明显。健全安全制度,强化安全措施,开展安全教育,提高防范意识,强化安全检查,堵塞安全漏洞,加大安全投入,完善"三防"体系。由于制度健全,措施得力,工作务实,效果明显。2011年,未发生重大安全事故,也没出现影响大局的不稳定因素。为此,我中心校2011年被赤峰市评为"学校安全工作先进集体"。

7. 艺体活动蓬勃开展。我校按上级的要求,立足实际,树立健康第一的思想,全面开展文体活动,成效显著。积极开展大课间活动,因校制宜,开展艺术文体活动,积极参加上级举办的各类赛事,在2011年5月全旗间操课拉练检查中,贝子府中学、贝子府小学受检,质量较高,效果明显。

"莫道今年春将尽,明年春色倍还人",有今年的积淀,务实的举措,有为的干劲,和谐的环境,明年定会"百尺竿头,更进一步!"

2012年, 全校上下要解放思想, 同心同德, 抢抓机遇, 突出重点, 抓好落实, 争创业绩, 推动我镇教育事业跻身全市强镇行列, 谱写更加灿烂的新篇章! 重点抓好"四个继续", 打造"四个努力":

继续坚持以教学为中心, 努力建构高效课堂;

继续深化"八个年活动", 努力打造高质教育;

继续完善学校管理制度, 努力提升办学品位;

继续巩固安全稳定成果, 努力创设和谐校园。

新起点, 新希望, 孕育新的辉煌; 勇向前, 勇挑担, 勇立头, 一个高质、高效、和谐、安稳的教育强镇一定会到来!

〔2011年12月在学期末敖汉旗教育汇报会上的发言材料〕

继往开来，努力开创
贝子府镇教育新局面

各位校长、主任：

本次会议的主要任务是认真落实上级教育行政部门有关会议精神，总结上学年工作，认真研究安排新学年教育教学任务。

一、上学年工作简要回顾

2008年上学期，我中心校认真贯彻落实教育局的工作部署，紧紧围绕改革和发展新形势、新任务坚持"以人为本，依法治校，内抓管理，外树特色"的办学理念，上下同心，齐心协力，扎扎实实抓管理，认认真真做事情，办学水平得到了整体提升。

上学年，教育教学管理工作实行了"九项制度"，开展了"七项活动"，成效显著。

（一）实行"九项制度"

1. 实行教育联系点制度。中心校班子成员每人联系一至三所学校，指导各校的教育教学工作；帮助联系点查找工作差距，理清工作思路，解决实际问题；了解联系点教职工思想动态和工作生活中的困难，及时帮助解决。每学期初、期中和期末中心校人员几次深入各校开展检查调研活动。联系点制度的实施，转变了中心校班子的工作作风，拉近了干群关系，解决了工作中出现的问题，提升了办学效益。

2. 实行目标化管理制度。我校制定了《关于学校教育工作实行目标化管理的意见》，把教育局和中心校工作认真细化，制定工作目标，按中小学的办学规模、师资力量、办学条件、地理位置和工作基础确定各校的工作目标，与各校签订工作目标责任状，校长再把学校的工作目标分解到各处室及全体教师，层层签订责任状，及时督导，定期检查验收。全镇上下，齐心协力，攻坚克难，致力于做好市级学校管理先进乡镇迎检工作。目标化的实施,强化了学校领导及全体教职工的目标意识和责任意识。人人有奔头,年年有突破。

3. 实行校长、主任述职制度。中心校班子成员及中小学校长、主任根据各自的工作职责和目标,学期末要向教职工述职,接受群众监督评议,此项制度的实施,增强了校长、主任的责任意识、担当意识,使大家更好地履行岗位职责。

4. 实行教师综合考核制度。为加强教师队伍建设,充分调动教职工工作积极性,各校实行了教职工工作目标综合考核制度,把发展性评价引入考核中,注重过程的考核评价,实行月考核、学期末总评的办法,考核后教职工本人签字认可,不明确的和有异议的可向考核小组质询,把教职工考核成绩作为评优评模的主要依据,做到公开透明,大家心服口服。

5. 实行信息交流制度。我校非常重视信息传递工作,加强教师间的教学经验交流。2008年9月,我校创办了《贝子府教育信息》,以月刊形式发至中小学校,信息来自教学一线,来自教学实际,内容丰富,形式多样,人人参与,为教师学习交流搭建平台。

6. 实行学校平时督查制度。加大学校管理检查力度,中心校人员随机下乡、随机检查、随机听课、随机问卷。由于各校工作做在平时,中心校督查查在平时,全镇中小学管理求真务实、各具特色。为交流中小学学校管理经验,推动"四个年"活动深入开展,我校召开学校管理拉练会,大家交流经验,查找不足,扬长避短,巩固提高。

7. 实行安全责任制。安全工作主要抓好以下几项内容:①建立安全组织,加强安全领导;②健全安全制度,强化安全措施(安全职责明确,层层分解到人;开展各种活动,加强安全培训;规范安全档案,做好安全记录;安全纳入考核,强化过程管理);③开展安全教育,提高防范意识;④强化安全检查,堵塞安全漏洞;⑤加大安全投入,完善三防体系。做到事事有人管,人人有事做,安全无死角,学校无事故。每学期,中心校都和各校签订安全责任状。

8. 实行行风建设"三化"制。依据教育局要求,制定了《贝子府中心校行风建设活动实施方案》《贝子府中心校行风建设活动评比细则》等,不断完善行风建设管理措施和评价机制,形成了行风建设制度化;中心校每月对各中小学师德师风情况进行一次督查和评价,每学期进行一次总评和一次表彰,促进了行风建设常规化;为强化师德建设,中心校又相继出台了《贝子府中心校学校常规管理办法》《贝子府中心校教职工师德规范》等,要求教师热爱学生,做群众满意的教师,用制度做行风建设活动的标尺,以此来匡正教职工教育教学行为,促进了行风建设的规范化。

9. 实行师德承诺书制。分上下学期,我校均与全体教职工签订了师德建设承诺书,若违反部分条款,在晋级晋职、评优评模上,实行一票否决,以此来匡正教师的教育教学行为。同时,又把教育局制定的《教育行风二十五条禁令》发放到每一位教职工手中,认真学习,加以领会,接受学校、社会、家长监督。

(二)开展"七项活动"

1. 开展"四个年"主题活动。按照旗教育局的工作部署,结合我校实际,在全镇中小学组织开展了"四个年"主题系列活动。活动注重内涵,一次一个主题,内容贴近实际;活动注重实效,杜绝走马观花,追逐"时髦";活动注重反馈,做到回头看不足,反思找差距。活动分阶段按步骤逐步开展,取得了较好效果。

2. 开展课堂技能大赛活动。继开展优质课展示活动,达到"以赛促研"的目的后,自5月上旬开始,贝子府中心校又在全镇中小学开展课堂技能大赛活动,活动历时一个月时间,达到了预期目标。

3. 开展小课题研究活动。教师在教学中挖掘自身的教学问题,由同组教师共同归纳、提炼,从而形成小课题,进而上升到理论,使校本教研成为小而实的有效教学活动,注重实际效果,取得了较好效益。上学期,我校的一部分小课题已经由上级业务部门验收结题,得到了专家认可。

4. 开展联片大教研活动。全镇中小学开展了联片大教研活动,解决了学校点多面广师资差的现状。全镇分成四个中心教研组,即贝子府中学、贝子府小学、王家营子小学、克力代小学四个教研组,成立教研组织,制定活动方案,定期开展活动,教师间相互学习交流,相互借鉴,共同提高。

5. 开展家校联合教研活动。全镇中小学定期召开家长座谈会,向家长们介绍课改背景、实施情况、学校管理等,并不定期向家长发放联系卡,及时了解学生的学习生活表现,家校联手,共同施教。今年"3·15"教学开放周，紧紧围绕旗教研室提出的"关注农村学校，发挥示范作用，聚集课堂教学，提高教学质效"这一主题，组织安排教师、学生、家长和社会人士"同看一节课、同评一节课"的教学活动和"走进校园，关注教育，了解师生"的访谈活动；同时，在开放周期间，还开展了校际交流、送教下乡、教研资料征集、校本成果展示和分类师训活动，学生、教师和家长三位一体，形成课改合力。"3·15"系列活动的开展，得到上级的认可，大家也受益匪浅。

6. 开展丰富多彩的文体活动。为活跃校园文化生活，发展学生特长，全镇中小学开展了形式多样的文体活动。4月份，开展了师生书画大赛活动；5月份，开展了中小学间操课专项观摩交流活动；"六一"期间，各校活动丰富多彩，中心校组织开展了全镇师生艺术节；7月份，开展了"爱国歌曲大家唱"师生歌咏比赛活动。同时，在6月14日，全旗中小学生篮球赛中，我校代表队获全旗小学组男子团体第三名，克力代中学代表队获初中组女子团体第四名的好成绩。

7. 开展勤工俭学评比活动。上学年，按旗教育局要求在全镇中小学幼儿园中开展了"四个示范校"评估活动。全镇各校，大动脑筋，积极行动，有基地学校在种养特色上下功夫，无基地学校在校园边角地块大做文章。同时，全镇六所寄宿制学校大都建起了一厂一坊，实行多项并举，增收创益，提升办学水平。

（三）过去一年成效显著

过去的一年大家共同努力，倾注了大家的汗水和心血，凝聚了大家的智慧和才干，可以说硕果累累。2009年9月，中心校被赤峰市教育局评为"赤峰市中小学教师培训工作先进集体""赤峰市风险管理服务工作先进集体"，被敖汉旗总工会评为"敖汉旗模范职工之家"，被旗教育局评为"敖汉旗学校安全管理先进集体""敖汉旗基础教育课程改革先进集体""敖汉旗行风建设先进集体""敖汉旗信息报送工作先进集体"，贝子府西荒小学被旗教育局评为"敖汉旗勤工俭学先进集体"，贝子府中学和克力代中学被旗教育局评为"敖汉旗职教工作先进集体"，我校在全旗民主综合测评中荣获第三名佳绩，在"七一"活动评比中，被镇党委评为"先进党支部"，并在大会上做了典型发言。

今年教师节,贝子府中心校又被赤峰市政府评为"教育工作先进集体"。

二、新学年主要工作

紧紧围绕四个校园(质量校园、和谐校园、平安校园、服务校园),抓好六个方面内容,做好各项具体工作。

(一)狠抓义务教育管理

1. 抓好"两基"巩固提高和"双高普九"工作,按时完成档案建设任务。

2. 落实中小学控流防辍工作,加大工作力度,严把辍学率控制在规定标准内。

3. 严格义务教育学籍管理,并认真履行学生变动手续。

4. 深化基础教育课程改革,认真做好10月份学校管理先进乡镇、素质教育先进学校、德育管理先进学校的迎检工作。我校被推荐为市级学校管理先进乡镇,积极筹备,准备迎检,争取高质量通过。

5. 加强课程管理,认真执行课程计划,确保开足开齐各类课程。

6. 切实发挥课堂教学主阵地作用,千方百计提高课堂教学质量。课堂教学要进行大胆改革创新,以培养创新精神和实践能力为重点。

7. 强化初中教育教学管理,完善制度,营造氛围,提升初升高质量和社会影响力。

8. 大力发展幼儿教育,规范无证办学和办学水平低下的行为,确保全镇两所公办幼儿园(王家营子、西荒)办学效益。

9. 镇内两所中学要千方百计,想方设法,必保完成今年职高招生任务。

10. 做好扫盲和成人教育工作,抓好"两基"达标后的巩固提高工作。

11. 提高远程教育资源利用率,最大限度地为教育教学服务。

12. 继续办好《贝子府教育信息》,提高信息质量及师生参与率。

(二)深化教育教学改革

1. 继续深入开展校本教研工作,重点是提高课堂教学水平和整体教研能力。

2. 坚持典型引路,榜样带动作用,积极挖掘和培养全镇教学骨干,辐射带动, 全面提高。

3. 继续完善平时竞赛, 期中抽考, 期末统考的质量监测模式, 坚持灵活多样, 切实有序督导办法, 把考试中出现的问题降到最低, 给师生一份满意的答卷。

4. 开展留守儿童教育问题调查研究, 开展电教设备与新课程资源整合研究, 开展班主任教育方法(特别是学生心理健康教育)课题研究等活动。

(三) 强化教师队伍建设

1. 加强教师队伍建设, 建设一支师德高尚、爱岗敬业、业务精良的师资队伍, 结合绩效工资的实施, 提高教师整体素质。

2. 加强师德建设, 突出"严"字, 完善制度, 不走过场; 力求"深"字, 挖掘内涵, 不浮表面。

(四)努力改善办学条件

1. 撤点并校, 优化教育资源, 截止到本学期开学, 随着大围子、太吉河窑等教学点撤并完成, 全镇所有的教学点已告别危房历史。

2. 积极争取上级支持, 今年将启动危房改造工程项目, 改善各校的办学条件, 争取资金, 消灭C、D级危房。

3. 做好口琴小学260平方米房舍续建工程, 严把工程进度和质量关。

4. 努力争取项目资金, 改善全镇中小学办学条件, 特别是寄宿制学校的师生就住条件。积极开展"四个示范校"活动, 提升生活品位。

5. 搞好王家营子幼儿园的硬件建设, 年内争取申报赤峰市一类园, 并获得通过。

6. 积极配合教育局和镇政府做好贝子府小学移址新建工程, 提升贝子府镇整体办学条件。

7. 抓好勤工俭学工作, 搞好蔬菜基地和小养殖场建设, 以此来改善办学条件。

(五)加强行风政风建设

1. 规范办学行为, 严格治理"三乱", 绝不允许任何人违规违纪, 越过底线。

2. 坚持"收支两条线制度", 加大民主理财和财务公开力度, 做到增收节支，把有限的钱用在刀刃上，用在教学上。

3. 认真做好上级一切惠民惠生政策（两免一补、生活补助和困难补助等），把实事做好，把好事做实。

4. 认真做好教育内部的热点、难点问题（比如：评优、评模、晋级和晋职等），做事要公，办事要平，措施得力，方法得当，杜绝上访，特别是越级上访，把矛盾化解在基层，化解在萌芽之中，努力维护社会稳定，确保教育平安。

（六）重视学校安全工作

做好安全工作八字方针：一是"严"字，每会必谈，要求必严，每周必检，每检必细；　二是"实"字，实事求是，不得隐瞒，做实做细，不得虚夸；三是"防"字，做到日查周检，未雨绸缪，做到人防到位，技防过关，物防齐全，发现隐患，及时排除；四是"恒"字，坚持经常，持之以恒，风吹不动，雨打不着；五是"责"字，责任分解，细化到人，层层有责，人人自重（层层签订责任状）；六是"究"字，有事必究，究其必严，严其必惩；七是"问"字，安全管理，问责有人，问责有事，有事必问；八是"新"字，管理工作适应新形势，开拓创新，探索新方法，加强师生思想政治教育、心理健康教育，调适好正常心态。

〔2009年9月敖汉旗教育汇报会上发言材料〕

立足本校实际 强化校本教研
扎扎实实推进农村课改工作

长胜镇中心学校位于敖汉旗东北部,现辖2所初中,22所小学,2个教学点,中学在校生1900人,小学在校生3600人,共有专任教师510人。

一、立足本校实际,努力抓好校本教研工作

1. 联片大教研,力求见实效。全镇中小学开展的联片大教研活动,解决了学校点多面广师资差的现状,整合了校本教研中师资不均衡的先天不足问题。全校分成五个中心教研组,成立组织,制定方案和研究制度,充分发挥集体力量,挖掘教师的智慧,形成了相互影响的"教师合作链",让参与者对校本教研有新的思考,新的感悟,切实保证校本教研不"雾里看花",不"走马观花",让校本教研工作在求实效、求创新、求发展中有序开展。

2. 家校共同施教,形成课改合力。全镇中小学每学期都定期召开家长座谈会,在家长会上向家长们介绍课改背景、实验情况、新教材的特点以及教学方法等,并不定期向家长们发放联系卡,及时了解学生表现,家校联手,共同施教。充分利用"3·15"和"9·15"教学开放周,把家长请进课堂共同参与教研教改,共同探讨课堂教学,学生、教师和家长三位一体,形成了课改合力。

3. 规范写字教学,促进全面发展。目前,小学语文教学片面追求学生成绩,却忽视写字教学,针对这一状况,长胜中心小学和马架子小学率先进行了"点面结合推进写字教学的研究"课题实验,精选写字实验教师,聘请校外辅导员,指导学生进行写字训练,经过一轮的实验,教师转变了教学观念,学生写字水平有了提高,并对中国传统文化产生了兴趣,从中学会了审美,学会了做人。

4. 特色小课题,解决大问题。全镇各中小学"以校为本、注重实效"的小课题研究，开展得丰富多彩，独具特色。如：长胜中心小学开展的学生知识积累"四个一"工程系列的"草根"科研小课题，研究九连环、魔方、五子棋小活动技巧等；烧锅小学班级自主化管理十二系列研究；各校的学生特色作业、课前三分钟演讲稿、学生手抄报、日记起步、读书笔记和作文集等资料积累，教师的成长足迹、教学反思感悟等资料编辑，都已取得阶段性成果，正在进一步深化和推广。

通过一段时期教研活动的开展，校本教研成效显著，形成了人人参与、互帮互助、合作交流和共同分享的校本教研氛围，从而改进了教学方法，解决了教学实际问题，课堂教学效率不断提高，教育教学质量明显提升。

二、全校齐心协力，认真做好课改现场会准备工作

长胜中心校作为全市课改现场会的分会场，认真组织，精心筹划，确保质量。

1. 成立领导组织，责任分解到人。及时成立现场会工作领导小组，小组成员分工明确，责任到人，做到层层分解，人人有责，专项推进，进展顺利。

2. 建立健全制度，完善各项工作。全镇中小学建立了集体备课、教学反思和交流研讨等校本教研制度，各校认真做好校本教研过程中的文字和音像资料记录、资料整理和资料完善等工作。

3. 加大资金投入，提供物质保障。学校舍得花钱，把有限的经费用在校本教研上，每年都拿出大量资金用于支持教师外出学习，以及学校资料库建设。本学期，长胜中学和长胜中心小学购置了微机，启动了电子备课室，让现代技术在教学中得到有效应用。同时，全镇中小学充分利用远程教育资源，配备网络设施，强化业务培训，促进资源整合，提高教师课改素质。

4. 开展课例研讨，解决疑难问题。学校努力营造开放、民主、和谐的研讨氛围，开展本学科、本学校和跨地区的研讨交流活动，通过学习、研究、反思和实践解决教学中的实际问题。各教研组紧密配合，在深入研究成功案例的基础上，不断创新活动形式，重视校本实际，关注师生发展，突出活动主题。

5. 加强专业引领，强化共同提高。每学期，旗教研室的教研员都多次亲临我校中小学指导校本教研工作，同时，中心学校还组织骨干教师到各校巡回指导校本教研活动，相互学习，协调发展，共同提高。

6. 注重自我反思，在反思中成长。一个教学单元或一个教学阶段结束后，教师及时总结，反思工作不足，撰写心得体会，根据现代课堂教学要求，审视自己的教学思想、教学行为和教学效果，达到自我反思、自我总结、自我提高的目的。

三、认真查找问题，继续做好校本教研工作

1. 完善研讨制度，抓实研讨活动。教师研讨活动虽然初步形成制度化、常态化，但仍要在实效上下功夫，充分利用假期和9月上旬的有限时间继续学习、继续研讨和继续完善，确保活动成效。

2. 注重资料积累，加强档案建设。进一步完善校本教研资料的整理，做好分门归类工作。在工作中，注重资料的原始积累，注重资料的连续性，让资料记录下学生进步和教师成长的足迹。

3. 加大资金投入，改善办学条件。目前，已投资19万元用于硬化美化绿化校园，投资5万元完善档案资料库，下一步继续加大资金投入，为长胜中心小学装备会议室，完善多媒体教室，硬化活动场地，砌筑学校院墙等。

总之，有旗教育局和镇党委政府的正确领导和大力支持，有全镇广大师生的共同努力，我们有信心、有决心和有能力完成这次现场会的一切准备工作。

〔2008年4月敖汉旗课改现场会汇报材料〕

凝心聚力，多措并举，稳步推进
幼儿教育工作快速健康发展

近年来，在全面贯彻落实上级有关部门关于大力发展幼儿教育和学前教育精神的指导下，长胜中心学校幼儿教育工作始终围绕"一切为了孩子，为了孩子一切，为了一切孩子"的宗旨，以争创一流的教育环境、一流的管理水平、一流的幼教队伍和一流的教育质量为目标，克服困难，严谨治园，讲求实效，开拓创新，根据本镇目前幼儿现状，大力加强幼儿园（班）的目的性教育，提高幼儿教师的教育教学水平，不断夯实幼儿教育工作基础，使幼儿教育工作得到有序、健康和规范发展。

现全镇有中心幼儿园1所，民办幼儿园1所，村校设立幼儿班22个，专职幼儿教师55人，使全镇3—5周岁864名幼儿接受到良好教育，从而开创了全镇幼儿教育的良好局面。

一、建章立制，强化管理，扎实有效地开展幼儿教育工作

我们充分认识到要搞好教育必须从娃娃抓起，不断深化幼教工作。首先，建立健全幼儿教育各种组织，确定各类人员岗位职责，做到分工明细、职责到人；把幼儿教育纳入到学校教育的总体规划中来，并以《幼儿园教育指导纲要（试行）》《幼儿园工作规程》为准则，制定幼儿各阶段教育发展体系，细化工作目标，做到思路清晰，方向明确；制定保障幼教事业正常开展和幼儿健康发展的各种制度、措施和条例，做到有章可循，规范到位。各校幼儿教育工作做到年初有计划，开展有成效，年末有总结。其次，加大了幼儿教育管理力度，把强化目标管理当作重中之重来抓，加强对幼儿园工作的宏观调控和微观指导，坚持随机抽查和年终检查相结合，突出过程管理；加强对个体园的管理，将其纳入到中心学校的统一管理之中；加强幼儿园（班）的安全管理，将安全工作贯穿于幼儿一日活动之中；多形式和多渠道强化师生的防范意识和自我保护能力，及时消除各种不安全因素,确保师生安全和幼儿园(班)稳定;加强对幼儿园(班)环境管理,使各幼教场所基本上达到了美化、绿化、净化、儿童化和教育化的要求,为幼儿创设了良好的成长环境。

二、转变教师观念,提高教师待遇,营造良好的幼教工作环境

几年来,各校由于幼儿班教师年龄偏高,思想观念和认知水平相对陈旧,工作条件不尽如人意,加之经费严重不足,职工待遇较低等因素,部分职工存在消极情绪,影响了幼儿教育工作的全面开展。基于这种情况,中心校审时度势,从源头上抓起,把思想工作放在首位来抓。一方面,认真组织教职工学习时事政治,开展多种形式的思想教育活动,及时引导他们认清形势,提高认识,转变思想观念;另一方面,引导教师将《幼儿园工作规程》的教育思想和观念转化为实际的教育行为,全面贯彻教育方针。加强对《幼儿教育指导纲要》和幼儿教育课程改革理论的学习,帮助教师进一步理解和把握《幼儿教育指导纲要》的基本理念,理解幼儿教育原则、目标和实施方法,树立正确的幼儿教育观。鼓励教师在实际工作中积极探索和实践。创造有动态又有活力的幼儿教育过程管理,从而切实转变教师的教育观念。除此之外,我们主动解决教师生活中遇到的困难和问题。例如:一些村校存在着经费筹措难,导致幼师工资待遇低的状况,为了调动幼师工作积极性,稳定幼师队伍,我们想方设法提高农村招聘幼师的工资待遇,除动员村委会负责一些外,要求各学校根据自身实际从幼儿园收取的管理费、保育费中至少拿出30%费用,按照考核成绩按月发放给幼儿教师。中心校领导也非常关注幼教职工的疾苦,几年来,慰问困难职工35人次,发放补助金3000多元,发动职工捐款近4000元。同时,为了丰富教职工的业余文化生活,我们每学期都组织开展形式多样的文体活动,让教职工在活动中愉悦身心,在展示中健康体魄。通过这些做法,使全镇幼教职工感受到了关怀和温暖,振奋了精神,焕发出活力。

三、以活动促活跃,以中心园带动幼儿班,创造优良的教育环境

开展活动是对幼儿进行教育的最好载体,在活动中,可以养成幼儿活泼开朗、积极乐观的性格,善于交往和团结合作的健全人格。所以,我们紧紧抓住活动教育这一主渠道,科学合理地安排教育教学内容,把幼儿集体活动和分散活动结合起来,把室内活动和室外活动结合起来,做到动静交替,内外结合。同时,坚持游戏教学,每天保证2小时的户外活动时间,促进幼儿身心健康成长。在此基础上,结合教师个人特长,提倡开展特色活动,如以培养幼儿动手能力为主的绘画、手工和编织等活动,以发展幼儿观察能力为主的讲故事、编儿歌和情景讲述等活动,以培养幼儿音乐兴趣为主的节奏训练、打击乐和舞蹈等活动。为了使幼儿的一日生活更加丰富多彩,各校和中心园利用每年的"六一""元旦""国庆"等节日契机,举办幼儿绘画比赛、诗歌朗诵、体操表演和游园游戏等形式多样、健康向上的活动;各校和中心园教研组也经常组织开展美术、幼儿英语、计算和幼儿听读等教研课题观摩研讨课活动;我们为密切家园联系,还举办家长亲子活动,开展"奉献日"等活动。这些做法得到了家长们的好评,也收到了一定的效果。

为达到以点带面之功效,中心学校充分发挥中心园软硬件设施好,师资队伍强,管理水平高,幼教经验丰富的优势,每年都组织村校负责人和幼儿教师到这里观摩培训学习,同时听取中心园的幼儿教育发展汇报和幼儿教师的示范课,收到了良好的效果。

四、合理调整布局,加大投入力度,优化幼儿教育条件

优美舒适的教育教学环境是吸纳幼儿接受教育的良好条件之一。为此,中心学校克服经费不足等诸多困难,千方百计改善办园条件。几年来,为幼儿教育投入资金达到十几万元,用于加强幼儿园内部设施建设。一是美化环境,种植草坪,修建花坛,栽植树木。二是开设活动室、角色游戏室和幼儿活动区等,使幼儿的活动场地更加宽阔,活动内容更加丰富。三是购置大量的运动器材,投放多种活动材料,使幼儿们有器械可玩耍,有材料可活动。特别是加大了中心园的建设力度,按国家教委制定的《幼儿园配备目录》配齐所有硬件设备,还购置了语音设施和电脑设施,各项硬件设施达到了市级农村一类幼儿园标准。中心园还利用有限的资金改造了升旗台,扩宽园门前路面,修建了主题墙画,铺设幼儿活动场地防滑砖,维修改造厨房等,使园内环境优雅整洁,娱乐设施齐全,满足了教师及幼儿的需要,从而加快了幼儿园教育现代化步伐。各村校也多次组织全园职工自己动手,绘制了一幅幅童趣盎然的优美墙画,设计制作了家园联系专栏,并利用废旧材料制作了精美别致的教具玩具,使幼儿的生活与学习条件得到了明显改善。本年度在全旗合镇并村的大背景下,我们努力争取地方党委、政府以及村委会的支持，根据上级部门制定的《幼儿园布局调整实施方案》，完成了合班并园任务，扩大了中心园和合村后幼儿班的办学规模，使幼儿园布局更趋于合理，办学条件得到改善。

五、加强学习，开展多种培训活动，强化幼师队伍建设

教师的专业成长决定幼儿园的兴衰与发展，建设一支专业化的师资队伍，也是提高幼儿园保教工作水平、吸引生源的重要保证。因此，我们把教师队伍的建设放在重要的位置，并通过以下途径来进行师资队伍建设：一是倡导每位幼儿教师在进行教育实践的同时要充分利用好时间进行理论学习，鼓励他们关注幼教改革与发展动态，如阅读教育杂志，在网上进行幼教方面学习等。二是鼓励教师积极参加教育培训活动。比如：参加新教师上岗培训、教师技能培训等。许多教师参加了市旗两级教育部门组织的培训学习，他们的知识和技能得到了较大的提高。三是让教师在教育实践的同时，养成学习与反思的习惯，增强研究意识，解决自己在教学实践中遇到的问题，把日常教学工作与教学研究融为一体。四是对新上岗教师实施跟踪培养，进行师徒结对帮扶，发挥骨干教师的示范作用，让新教师快速成长。五是鼓励教师积极参加各类比赛和教学观摩活动，使全镇幼儿教师相互学，共同提高。六是通过各种竞赛活动，引导全体幼儿教师立足岗位、苦练技能、勤于钻研和扎实工作，积极参加各种业务培训和岗位技能竞赛活动。七是加大幼师基本功培训及微机培训力度，采取集体培训与个人自学相结合的方式，努力提高幼师的微机操作水平及专业素质。八是认真做好幼师的学历教育工作，采取多种措施，积极鼓励幼师参加函授学习，提高专业水平。

通过以上做法，长胜中心学校真正把幼儿教育工作落到实处，同时也取得了显著成绩。2001年，长胜中心幼儿园被评为赤峰市农村一类幼儿园；2002年，被评为旗级文明单位；2004年，被评为旗级文明单位标兵，并先后两次被敖汉旗教育局评为先进集体；2007年10月，长胜中心幼儿园又顺利通过了市级农村一类园复检。先后有18人次49篇幼儿教育论文在区级、市级刊物上发表，有14人被评为市旗两级先进个人。面对成绩和荣誉，我们不能沾沾自喜，止步不前；相反，会更加解放思想，与时俱进，努力拼搏，把我镇幼儿教育事业不断推向前进。

〔2007年10月敖汉旗幼儿教育先进集体事迹材料〕

"三学三比"重实效　再接再厉破浪行

振兴教育,希望在教师,关键在人才,要以人为本,以德立校,以勤治校。为此,我校按局党委的要求在全体师生中广泛开展了"学理论、学技能、学先进,比思想、比能力、比贡献"的"三学三比"活动,本着"干实事,出实招,求实效"的原则,采取"严当头,恒为久,深为果"的策略,活动开展得如火如荼,硕果累累。

一、建规立制,确保"学比"的实施

首先,成立了以校长为组长的"三学三比"领导小组,加强领导,统筹兼顾,指导开展各项工作,在"三学三比"中,坚持标本兼治的原则,做到"三突出",即突出"严"字,完善制度,规范行为,不走过场,不求包装,立求实效;突出"深"字,在解决世界观、人生观和价值观上狠下功夫,培养教师的良好职业道德;突出"恒"字,活动开展要坚持不懈,持之以恒,决不毕其功而于一役。

其次,健全制度,强化措施,"三化"并举,确保成效。依据教育局要求,制定了《长胜中心校"三学三比"活动方案》《长胜中心校"三学三比"评价细则》等,不断完善"三学三比"管理措施和评价机制,形成了"三学三比"活动制度化。中心校领导小组每月对各校"三学三比"活动情况进行一次督查和评价,每学期进行一次总评和一次表彰,陟罚臧否,奖惩分明,促进了"三学三比"活动的常态化。为了强化师德建设,上学期我校相继出台了《长胜中心校学校常规管理办法》《长胜中心校教职工师德规范》等,并且与全体教师签订了《师德建设承诺书》,要求教师热爱学生,做群众满意的教师。要求教师以身作则,做到衣着定位,注重仪表形象;做到语言定位,说话有分量,谈吐有品位;做到行为定位,举手投足,自觉修身养性,淡泊名利,以德服人,不断塑造良好的人格魅力。用制度做"三学三比"活动的标尺,以此来匡正教职工的教育教学行为,促进"三学三比"活动规范化。

二、结合活动,深化"学比"的内涵

为了让教师强能厚德,我们本着"以比促学,以学促进"的宗旨,按照"提高认识想干事,学好本领会干事,要么不干事,要干就干好"的要求,全体教师把"学"作为提升的途径,把"比"作为前行的动力,在"比"中找不足,在"学"中促长进。针对"三学",结合教学实际,我们组织了培训、教学观摩、专题讲座和集中辅导等活动。立足实际,狠抓校本教研活动,充分发挥全镇五个中心教研组的作用,联合开展小课题研究活动。2007年11月30日,长胜中心校成功举办了首届"中小学课程改革暨校本教研成果展示"活动,达到了相互交流、取长补短、查找不足和力求实效的目的。今年9月,《长胜教育信息》成功创刊,为教师搭建交流教研信息、交流教研经验的平台。同时,紧紧抓住"3·15""9·15"教学开放周的有利契机,开展了各种形式的主题活动,让家长走进课堂参与听课评课,实现家庭、社会和学校三位一体,共同施教。针对"三比",我们在教师中开展了岗位大练兵、大比武、教学基本功大赛和优质课评选活动。组织开展了"五个一"评比活动,即写一手好字,写一份优秀教案,上一节有创造性的公开课,写一篇有价值的论文,组织一次有意义的课外活动。结合"三评三比"活动,中心校还开展了"讲正气,树新风,展风采"主题演讲比赛,并拓展"四争四创"内涵,开展一系列主题活动,要求教师争做师德标兵、学习标兵、课改标兵和质量标兵,争创名牌论文、名牌课堂、名牌活动和名牌班集体等。通过"三学三比"活动的开展,形成了管理民主样样规范,教师工作人人争先,"三学三比"红红火火,教育教学双双丰收的良好局面。

三、争优创先,突出"学比"的成效

通过"三学三比"活动的广泛开展,全镇教育系统形成了"比、学、赶、帮、带"的浓厚氛围,教师德艺双馨。一是师德师风明显改观,工作热情空前高涨,出现了"四多四少"现象,即关爱学生的多了,违反常规的少了;深入班级的多了,松懈怠工的少了;学习读书的多了,在校办私事的少了;潜心研究教学的多了,得过且过的少了。二是强化能力建设,提高业务水平,形成了教师对工作安心,家长对教育放心,社会对教育热心的良好局面。三是有耕耘就有收获，本学年，长胜中心学校先后被敖汉旗教育局评为"学校管理先进单位""两基巩固提高先进单位""职业教育工作先进单位""课改先进单位""现代教育技术应用先进单位"和"幼教管理先进单位"，同时被敖汉旗总工会评为"模范职工之家"；在"三学三比"活动中，也涌现出了石凤珍、康玉芹等一大批旗级以上优秀教师和先进工作者，他们在各自岗位上学先进，勇争先，敢拼搏，起到了以点带面的作用。

比才知不足，学方能进步。在学校教育这块沃土上，我们正乘着"学比"的方舟，披风斩浪，一路前行。期待着我镇广大师生在"三学三比"的历练中更加德艺双馨，我镇教育事业在"三学三比"的映照下更加熠熠生辉！

〔2008年7月敖汉旗"三学三比"活动经验交流材料〕

致力打造"四型"校园
努力提高办学水平

　　一年来，我校坚持"以人为本，依法治校，科研兴校，内强管理，外树特色"的办学理念，把"做学生喜欢的教师，办群众满意的教育"作为中心学校工作的奋斗目标，扎扎实实抓管理，认认真真做事情，全校上下齐心协力，努力提高办学水平。

一、重安全，打造平安型校园

　　安全是管理，安全是质量，安全是稳定，安全无小事。安全工作时时不能放松，要天天念好紧箍咒，时时绷紧安全弦，只要有百分之一的安全需要就要付出百分之百的努力。

　　(一)建立安全组织，加强安全领导

　　我校安全工作已形成了四大体系：一是安全领导管理体系，各校成立了以校长为组长的安全领导小组，明确分工，履行职责；二是安全监管体系，长胜中学、长胜中心小学和部分学校都设立了安全监督教育管理办公室，加强安全管理，健全安全制度，细化安全责任，明确安全职责，形成了纵向到底、横向到边、上下互动、左右监控和安全无死角的管理网络；三是安全工作责任体系，学校每一位教职工都是学校安全工作责任人，层层签订责任状，项项内容有人抓；四是安全工作应急救援体系，学校制定了各种安全事故应急处置预案，安全工作有专门"行事历"，做到有计划，有检查，有结果，有反馈，有整改，有提高。

　　(二)健全安全制度，强化安全措施

　　要做到安全教育常讲，安全日志常记，安全检查常抓，安全警钟长鸣。

　　1.安全职责明确，层层分解到人。从校长、主任、班主任到任课教师都有明确分工，细化责任，分解到人。

2. 开展各种活动，加强安全培训。全镇各中小学天天利用班级晨会对学生进行安全教育，经常开展安全教育主题班会、安全教育活动月、安全知识大赛活动等。同时，各校每学期都对教职工进行安全知识培训，做到培训有计划、有总结、有考试，以此来强化安全意识，提高安全防范技能。本学期，中心校又编写了《长胜镇学生安全一日歌》，教育学生懂安全、知防范、会维权。

3. 加大人力、物力、财力投入，完善人防、物防、技防三维体系。本学期中心校投入1万多元为长胜第一小学、第二小学和第三小学等添置了消防器材，改造既能防盗又便于逃生的防盗门窗，为女生宿舍安装了报警器，为长胜中学安置了夜间如厕铃。投资近2万元为长胜中心小学建起了20平方米的警卫室。投资3000多元为没有设学生通道标志的学校建起了警示牌。榆树林子小学的厕所和运动场建在校外，师生要去厕所和运动场需横穿马路，存在安全隐患，中心校积极协调榆树林子村为榆树林子小学投资近5万元改建了厕所和运动场，确保师生安全。

4. 全镇有食宿生的学校严格执行定点采购，专人验收签字，食堂从业人员持证上岗制度，严把食堂卫生关，食品质量安全关。

5. 中心校每月对所辖中小学（幼儿园）进行一次安全大检查，发现问题，以书面形式告知学校，并令其整改，严防安全事故发生。

6. 严格规范学校安全管理档案，做到专人负责，分门归类，保留齐全，注重实际。

7. 安全工作常抓不懈，警钟长鸣。本学期中心校与全体教职工签订了学校安全责任书，以此来强化安全行为，打造平安校园。

8. 中心校制定了安全评估细则，把安全工作纳入到学校综合考评中，各校安监办对日常安全教育、安全职责、安全检查等进行考核。学期末，学校安全领导小组再对安全工作进行集中评议考核，最后以一定权重分计入综合考评中，对安全事故实行一票否决。

二、抓管理，建设质量型校园

强化学校管理，在管理上要质量；抓好常规落实，在过程上下功夫；立足校本教研，在实效上做文章；转变育人观念，在职教上求发展；找准工作切入点，在特色上求突破；完善奖惩办法，在思路上求创新。

1. 加大平时教学常规检查力度,随机下乡,随机检查,随机听课,随机问卷,中心校业务室人员长期到所辖各校开展教研教改活动,注重抓过程管理,抓环节管理,抓常规管理。

2. 充分发挥分片组建的五个中心教研组作用。五个中心教研组在中心校领导下积极组织、精心设计小课题研究活动,本学期,五个中心教研组联合开展教研活动达到三次以上,组与组之间相互交流,相互学习,共同提高。同时,每校都至少推出一名具有示范水平的小课题研究教师,为小课题研究提供范例,也有效提升了研究质效。中心教研组设计教研活动站在高处,谋在深处,落到实处,效果明显。

3. 立足实际,狠抓校本教研活动。我校坚持以教学为中心,以科研为先导,向课堂要质量,立足学校实际,开展一系列教研活动。如:中心教研组紧紧抓住教学实际,开展了"教学反思研究""小学生自主习作"等多项小课题研究活动,取得了显著成效。2007年11月30日,长胜中心校举办了首届"长胜镇中小学课程改革暨校本教研成果展示会",全镇有24所中小学参展,各校展品异彩纷呈,特色鲜明,主题突出,旗教育局领导亲临现场指导,达到了互相交流、取长补短的目的。

4. 加大了校本教研培训力度,努力提高教师的思想认识和业务能力。一是在经费上给予充分保证,让教师走出去学知识,长本领。二是健全制度保证,中心校制定了教师培训制度,对教师外出培训实效、费用报销、学习信息传递等都有明确规定,确保培训效果。三是校本研修大胆创新,结合点多、面广和师资差的实际,组建了五个中心教研组,有计划、有措施、有效果的开展校本研修活动。本学期,《长胜教育信息》成功创刊,为教师搭建了传递教研信息、交流教研经验的平台,教师踊跃投稿,积极参与,成效显著。四是坚持教学反思,勤于总结。在实践中反思,在反思中进步,中心校本学期召开了教学反思总结会,通过反思调整工作思路,从而提高教育教学效果。

5. 紧紧抓住"3·15""9·15"教学开放周活动的有利契机,开展了各种形式的主题活动。如:让家长走进课堂参与听课评课,实现了家庭、社会和学校三位一体,共同施教。向家长印发了《家长教育行为规范摘抄》,召开了家长座谈会等,让家长进一步了解学校,了解班级,了解孩子。同时,借助开放周的契机,主动承办了敖汉旗第七届小学教学能手(长胜赛区)大赛,由于服务周到,准备充分,得到了上级业务部门和广大师生的一致认可。

6. 教学质量是学校的生命线,中心校以"教学质量全程监控"的教学管理办法,制定完善《长胜镇教学质量管理细则》,建立了激励机制,将与全体教师签订教学质量责任书,对各年级各学科的期中、期末教学质量进行统一监控。

7. 加强对初中毕业班管理,采取切实有效的措施提高初三毕业生的学业水平。今年初升高喜获丰收,长胜中学和双井中学共有196人考入了赤峰二中、新惠中学、箭桥中学等重点高中,创历史新高。

8. 加强对远程教育资源的使用和管理,使其最大限度地为教学服务。11月8日,我校代表敖汉旗接受了赤峰市教育局对远程教育使用的检查,检查组对远程教育资源管理和使用情况非常满意,并给予很高的评价。

9. 积极开展体卫艺工作,我们采取的措施:通过明确目标,明确分工,精心组织,层层管理,把工作落到实处;通过汇报、评比、奖励等制度,把工作推向深入;通过加大师资培训与经费投入力度,为体卫艺工作提供保障;通过活动促发展,营造良好体卫艺工作氛围。由于措施得力,工作务实,取得了较好的成绩:2006年全旗中学生田径运动会,长胜代表队获得女子团体第一名、男子团体第六名的好成绩;2007年全旗中小学生篮球赛,长胜代表队初中组取得团体第二名、小学组取得团体第五名的好成绩;2007年初中队代表敖汉旗参加全市篮球赛取得第四名的好成绩;2007年12月,在全旗中小学生乒乓球赛上,长胜代表队取得男子团体第二名、女子团体第三名的好成绩。

10. 转变育人观念,明确办学方向,制定切实可行措施,大力发展职业教育。首先,强化宣传,提高认识,转变育人观念;其次,召开专门会议,布置任务,明确责任,下达指标,专项推进;再次,建立健全组织,责任分解到人,从校长、主任、班主任、任课教师到工勤人员,层层签订责任状,人人头上有指标;最后,建立健全职教分流评估体系,加大监督检查力度,中心校定期召开中学班子会和教师反馈会,分析工作难点,指出存在问题,集体会诊,共商对策,时时督导,项项评估,年终兑现奖惩。由于措施得力,成效显著,本学期向中等职业学校输送133人,完成率高达123%。

11. 做好迎接国检和"两基"巩固达标工作,完善档案管理,狠抓"控流防辍"工作,实现小学辍学率为零、中学辍学率不超标的目标。

三、树行风,营造和谐型校园

转变观念,服务育人;讲究方法,管理育人;集体作战,团结育人。

1. 强化行风建设,严格治理"三乱"。中心校定期召开会议,传达上级精神,采取有效措施,告诫教职工不要闯乱收费这根高压线,一经发现,严惩不贷;及时开展"学生评教师"和"教师评教师"等活动,适时进行监督和管理,遇见问题,立即处理,绝不姑息迁就。

2. 注重师德建设,完善管理措施。经师易遇,人师难求,做人师,靠师德,无师德,育歪人,因此,师德建设在学校工作中尤为重要。学校实行了师德建设一票否决制,努力在学生、家长、社会上树立良好的师表形象,要求全体教师认真践行《中小学教师职业道德规范》,严格遵守上级行政部门制定的行风建设规定,积极加强政治理论学习,不断提升自身政治理论素养,与教职工签订师德建设责任状,要求做到清廉为师,清白做事,增强职业自信。学校结合实际,在全体教职工中开展了"师德经验交流"活动,大家相互学习,共同交流,取长补短,努力提升道德修养水平。同时,多次召开学生家长座谈会,了解情况,沟通问题,接受学校、社会和家长的监督。

3. 提倡民主管理,构建和谐校园。遇事多商量,不独断;多尽职,少争功;多关心,少猜疑;办事要公,待人要平;遇事要稳,处事要妥。9月,在教育局的正确领导下,中心校对富余人员进行妥善安置,大家心态平和,工作积极性高。同时,在评优评模、晋级晋职以及人事安排上中心校做到了公正公平,民主透明,得到教职工认可,大家心悦诚服,工作积极性高。

四、增投入,构建服务型校园

开源节流,精打细算,认真做好勤工俭学及后勤服务保障工作。

1. 强化中小学财务管理,增强财务管理透明度,做到增收节支,把有限的钱用在刀刃上,用在教育教学上。

2. 认真宣传和落实"两免一补"惠民政策,把这一实事做好,把好事做实。

3. 抓好勤工俭学工作, 搞好蔬菜基地建设。本学期, 长胜第二小学及马架子小学蔬菜基地建设抓得实, 效益好, 喜获丰收, 明年要在种植特色上下功夫, 在效益上做文章。

4. 多方协调, 积极运作, 努力改善办学条件。适逢长胜镇新农村建设之机, 全镇中小学积极争取镇村两级的支持, 加大对教育投入力度。本年度, 镇村两级教育投入近30多万元, 用来改善中小学办学条件。比如: 榆树林子村为村小学投资6万多元, 修建三面院墙, 平整运动场, 建起一栋学生厕所; 坤头岭村为村小学投资近4万元, 修建三面院墙, 维修了校舍; 白土梁子村为学校投资2万多元, 打井修墙; 六顷地村投资2万多元, 为学校办公室安装了暖器, 铺砌了地板砖; 清河村积极协调, 由盘锦孟祥宝为小学捐赠价值4万元的塑钢窗和桌椅; 大宝甸子村把100亩集体沙地划拨给学校向外租用, 年租金5000多元。同时, 本学期中心校与各校多方争取, 积极协调, 原长胜15个村均为当地小学储备了冬季取暖煤, 价值14万多元, 有效地缓解了教育经费紧张的局面。

〔2008年7月学年末教育教学工作总结〕

立足课程改革　彰显学校特色
强化校本教研　促进师生成长

　　民族的振兴在教育，教育的振兴在教师。学校、课堂不仅仅是学生成长的摇篮，更是教师塑造自我、提升自我的阵地。随着课程改革的不断深入，教师的思想素质、教学能力以及所积淀的文化底蕴越来越成为决定教育质量的重要因素。学校的管理人员要心系课改，情系学校，深研理论，密切关注师生成长，为打造一支高素质、业务精、能力强、善学习和敬业忘我的教师队伍而不懈努力。我们深知在课程改革的进程中，要提高教师队伍整体素质的最佳途径便是校本教研，要想使校本教研之花开遍校园的每个角落，必须以校本教研为主线，并贯穿在学校的各项教育教学活动中。我们本着"以科研促教研、以教研促教学"的指导思想，立足学校实际，以教育科研为先导，以服务教育教学为原则，以全面提高教师整体素质为核心，以构建学习型学校为目标，结合实际深入开展校本教研活动，不断深化课程改革，使教科研工作在我镇中小学校园里蓬勃开展。

　　一、转变教育观念，树立校本教研理念，实施科研兴校战略

　　教育观念是教育教学行为的内动力，没有先进的教育观念，就不会有进步的教育实践。课程改革呼唤一种立足于学科教学，扎根于教学一线，以教师为研究主体，以解决教育教学问题为目的，融教学和教研为一体，使理论和实践紧密联系的新的研究机制。而让教师既要高质量完成教学任务，又能转变观念，不断提升自身的教育教学水平，只能以校为本，以人为本，只能靠校本教研这座桥梁来实现先进课改理念与千变万化教育实践之间的沟通，因此狠抓校本教研已成为学校教育教学工作的起点和基础，要全力推进校本教研，提高认识、转变观念是前提，建立完善的管理运行机制是保证。为此，我们在学校大兴学习之风，通过专题宣讲、观看录像和交流心得等方式，在全体教师中开展了深入扎实的学习和讨论活动,让全体教师明确校本教研是学校的常规工作,是教师的工作和生活方式,是落实"科研兴教,质量立校"战略的根本措施,是课程改革持续深化的内在动力。一个合格的教师,只有"把素质当追求,把教学当艺术,把教研当习惯",实现由"教书匠"到专家型、研究型教师的角色转变,才能适应时代发展的需要。与此同时,确立了"积极进取,全面开展,稳妥推进"的实施方针,构建了校长、教学管理人员、教师三级一体、协作互动的教科研网络。

(一)加强领导,建立健全管理工作制度,为深入开展课程改革保驾护航

要彻底转变教师教育教学观念,真正把学校的教研活动落到实处,提高教研质量和教师的参与面,建立健全学校教研管理工作制度,对教师课程改革理论的学习以及教研活动的开展作出详细、具体和规范化的要求是非常重要的。为此,结合学校工作实际,先后制定了《长胜中小学校本教研规章制度》《长胜中小学校本教研学习反思制度》《长胜中小学校本教研激励机制》《校长室、教导处校本教研工作制度》《教研组长校本教研工作制度》《教师校本教研工作制度》等一系列规章制度。在制定各类规章制度的过程中,都是先形成初步的意见稿,下发给教师研讨,广泛听取广大教师的意见和建议,充分体现民主办学的思想。由于每个制度的出台都是经过了充分的酝酿,最后经"教代会"讨论通过,在实施的过程中具有广泛的群众基础,对教师参加校内教研活动起到了很好的激励作用。通过这些规章的实施,学校不仅对教师参加教研活动的过程进行跟踪检查和考核,同时有效地调动了教师参与课程改革和校本教研的积极性。

(二)提高认识,强化学习,转变角色,不断提升自身教育教学水平

基础教育课程改革给教师提出了新的更高的要求,新课程标准要求教师必须更新教育理念,转变角色,改进教学方法,创新教学手段。在这样的前提下,我们针对学校实际,有针对性地重点抓好了教师新课程培训和校本教研培训,即推行"十个一"和做好"四定"工作。"十个一"指的是每位教师每学期读一部教育教学理论专著,订阅一份学科教学核心期刊,记录一本学习笔记,有一位教学偶像或指导教师,有一个课程改革专项研究主题,每课时写一篇教学后记,记一本听课议课笔记,

有一位或几位专业学习发展的合作伙伴,每学期写一篇教研论文,每学期上一节研究课。把教师的学、教和研有效地结合起来,确立学、教、研相长的学习工作观。"四定":①定方案,根据教研室关于推进课程改革,深化校本教研工作的安排和部署,为保证学校新课程培训和校本教研工作的顺利进行,制定了《长胜中小学校本教研培训方案》;②定时间,为了保证教师较好地完成学习任务,取得较好的学习效果,规定每周二下午15:30—16:30、周四下午14:30—16:30为教师的学习时间,同时鼓励教师在课余时间或节假日进行自学,确保培训时间;③定内容,为了保证教师学习有方向,参考继续教育教材和课程理论等有关书籍,规定教师的学习内容;④定辅导人员,要求学校教学主管人员、教研组长要轮流组织教师开展新课程理论培训,深化了教师业务学习的管理评价,坚持业务学习笔记检评、期末考核工作制度,努力提高以"新课程、新观念、新手段、新方法"为主要内容的业务学习的实效性,逐步使全体教师养成自觉读书学习的习惯。

几年来,教师们通过集中学习和自学,收获都很大,新理念、新方法在教师身上得到了升华和内化。教师们观念的转变还带来了工作上的新变化:一是备课变了,教师打破了旧的条条框框,倡导集体备课、小组备课和合作备课;二是课堂教学变了,把过去的"课堂"变成了"学堂",学生成了真正的主人;三是教师对学生的观察方式变了,老师们都学会了"蹲下去,用欣赏的眼光看学生",把每个学生都当作一个鲜活的生命体加以关注,体现了学生的差异,最大限度地保护着学生的自尊心,使每名学生都能够健康快乐地成长。

二、立足课程改革,强化校本教研,彰显学校特色,促进师生专业成长

(一)逐步构建完善的校本教研体系,确保校本教研工作持续深入开展

校本教研是教师提升自身素质、适应现代教育要求的有效途径,从课程改革实施以来,逐步构建"一二三四五"校本教研体系。

1. 解决一个问题。所有教师学期初要根据本年级、本学科及教研组承担课题的实际情况,经集体讨论,确定教学中存在的一个具体问题,作为本学期教学研究的重点。通过问题的解决,不断提高教育教学质量,提高

自身的教育教学水平,形成务本求实的教研风气,学期末以论文或是教学心得的形式上交展示。

2. 实现两个提高。校本教研以提高课堂教学质量,提高教师教研能力为工作目标。学校鼓励教师在校本教研活动中得到发展和完善,努力实现由"教书匠"向研究型、专家型和学者型教师的转变。

3. 狠抓三课落实。"三课"指集体备课、公开课和课题研究,学校以此作为校本教研的实施平台。教研组、备课组根据学校集体备课制度,组织教师在个人精心准备的基础上,展开集体讨论,形成对教材处理的整体意见,教师再将集体智慧与个人风格结合起来,完成具有个人特色的教学设计和教学方案。着力抓好新教师汇报课、年轻教师的展示课和骨干教师示范课活动,学校要做好配合工作,最大限度地发挥每节公开课的探索和示范作用。

4. 实施四级管理。建立校级领导—教研组或年级组—备课组—教师四级校本教研管理体制,明确各级职责,责任分工到人,各级互相督促,教师全员参与,共同推进校本教研工作。

5. 突出五个环节。以学习、实践、反思、交流和创新五个环节为学校教研活动的主要流程。在各个环节中贯彻执行校本教研的精神和要求,使学校的校本教研在五个环节的循环中不断得到充实和提升。在教研组和备课组的共同努力下,提高校本教研的学科含量、理论含量和创新含量,全面促进学校教育教学质量持续稳步上升。

(二)选准课题,做实专题,紧紧围绕专题激活教研活动

为了保证课程改革的不断深入,要求每名教师在课程改革实践过程中都要有自己研究的专题,学校教学管理人员负责帮助教师认真选取有价值的问题,立项后进行研究。每学期开学初,还要根据上级教科研的会议精神适时地规划调整教师研究的专题,确立重点,统一要求。一旦确定了教研专题,这一学期的教学公开课就紧紧围绕这一专题开展活动,如青年教师自荐课、骨干教师示范课、专题研讨课,等等。学校还定期召开教研工作会议,了解情况,反馈信息,教师们记录下研究的点滴心得,形成一定的经验成果,再把专题上升为研究课题。如:语文组把"口语交际"这一新课型作为校本教研的重点,发挥教师的集体智慧,确定了"口语交际生活

化之策略"这一教研专题,并且把它作为课题向上级申报。数学教研组确定的校本教研专题是"新课程中教师(或学生)行为变化""创设情境,提高学生学习积极性""实施和谐教育,促进师生共同成长"等。综合实践组把综合实践活动中的体验性学习作为研究的重点,教师们组织学生开展了"我挣一元钱""理财小能手""慧眼识钱""同在蓝天下——帮助聋哑儿童献爱心活动"等一系列实践活动,这些都是让学生们围绕现实问题,展开的自主活动,每个独立的个体都有不同的表现和体会,正是因为如此,综合实践活动使学生获得了对社会的认知、理解、体验和感悟,对他们的成长起到了助推作用。

(三)改革以往较单一的听评课方式,把听评课作为校本教研的一个重要切入口

1. 同伴介入式。改变以往只有学校管理人员参与的听评课方式,每次听评课,学校管理人员都要邀请同年级、同学科的其他几位教师一同听课,一同观摩,及时研讨,相互交流,共同寻找提质的良方妙策,从而使校本教研更具实效性,获得教师共同提升的功效。

2. 课后检测式。为保证教师课堂教学质量,学校管理人员可以采取"闯堂"的形式,深入班级,随堂检查,随机听课,听课后,及时就本节课应会知识对部分学生进行测试,课下马上批阅被测学生试卷,而后及时向任课教师反馈教学效果并提出改进意见。

(四)弘扬团队精神,促进教师共同成长

1. 开展"互帮互学"结对子活动,引导教师间学习交流。随着新课程教学实验工作的开始,大家都变成了新教师,要做好新课程的教学实验工作,仅靠集体性的培训、学习和总结交流等途径是不够的,必须要帮助教师们解决怎样备课、怎样上课等具有个性化的问题,提升每位教师的课程把握能力。所以,帮助教师建立一种团队合作式研讨途径尤为重要。根据形势的变化,将原来的"师带徒"活动延伸为"结对帮扶"形式,主要针对年轻教师的"师徒结对"、教师自由组合的"互助二人组""与骨干教师同行",以及同年级同学科的"共同体"等,这种自主结成的学习对子易于相互间的交流,对校内集体教研活动的欠缺是一种很好的补充。在同伴互助中,教师们把学习与工作有机统一,个人与同伴融为一体,他们学会倾

听、学会倾诉、学会包容。教师间实施同伴互助，将互助的内容做好记载，搞好反思，达到解决问题、共同提高的目的。

2.启动名师培养工程，发挥骨干辐射带动作用。要想让学校的教育教学工作有较快的发展，就必须有一批骨干教师带头，并充分发挥他们的辐射作用。一直以来，我们都非常注重教师队伍建设，尤其是对青年教师的培养和使用更是做到了压担子、搭台子、树样子，我们要求青年教师"一年入门，三年称职，五年成骨干"，不断选派青年教师参加校本教研培训；要求参加培训的教师认真做好笔记，并写出切合实际的心得体会，在全校做讲座，听课回来做汇报课，做到一人外出，全员受益。

3.专业引领，充实校本教研活动的内涵。如何让教学从"他人的有效经验"中获得专业支持和成长的养分是校本教研的前提。为了解决这一问题，我校定期邀请旗教研员进校讲学培训，引进他们新的理念和教学思想，充实和更新教师的理念，开拓教研思路，认识和理解课改的真正内涵与实质。教研员和教师面对面地交流，进行全面指导，教师学到了最新的教育教学资讯，使教师们大开眼界，少走弯路，受益匪浅。

（五）深入开展中小学课程改革及校本教研成果展示活动，为校际间交流教科研成果搭建平台

为了进一步推动基础教育课程改革的进程，不断促进教师专业成长，提升教师课堂教学水平，探索新课程理念下教育教学的新思路和新方法，加强校际间成功经验的交流与沟通，展示中小学实施课程改革以来取得的成果，2007年下学期举办了"长胜镇中小学课程改革暨校本教研成果展"。成果展借鉴了旗教研室连续三届举办教研成果展示的成功经验，依照学期初教育教学工作计划，在9月份的全镇教育管理工作会议上做了详细的安排和部署，几个月来，中小学各校在课程改革理念的指引下积极开展学校教育教学工作，不断积累资料，精心组织展品，为校本教研成果展的成功举办做了大量的工作。

全镇课改成果展共设置二十四个展台，长胜镇的两所中学和二十二所小学及所有教学点全部参展。各校的展品丰富多彩，特色鲜明，主题突出，充分展示了我镇几年来中小学课程改革过程中取得的优异成绩。参加成果展的中小学校长、主任和骨干教师都全面地参观了各校的展品，认真学

习和吸取了各校的成功经验和优秀做法。成果展的成功举办有力促进了各校课程改革的进程，加强了校际间的经验交流与沟通，进一步提升了中小学的办学水平，促进了学生综合素质的提高。

教育是科学，科学的意义在于求真；教育是事业，事业的价值在于奉献；教育是艺术，艺术的真谛在于创新。几年来，中心校在课程改革进程中不断探索教科研新路，积极稳妥地落实教研兴校的战略，全镇中小学教科研工作开展得丰富多彩，大部分教科研课题已开花结果。在管理工作中，我们不断总结成功经验和做法。2004年以来，《重视"学"与"导"的关系，培养能力，发展智力》《新课改要求实》《公开课的感悟》等多篇论文在《内蒙古教育》《赤峰学院学报》《中国农村教育》等报刊上发表；2004年，"作文教学与学生创造能力培养"研究课题获得自治区课题实验研究优秀成果奖；2005年，"语文课堂'六环节'教学模式研究"课题获内蒙古教育学会教育科研成果二等奖。同时，我个人的管理水平也获得了提升，受到上级领导的一致认可和好评，2005年被敖汉旗人民政府嘉奖，2006年又被敖汉旗人民政府授予三等功，2007年被敖汉旗人民政府评为"两基"工作先进个人……。我们深知，荣誉只是代表过去，未来更需努力！

〔2008年6月赤峰市教改先进集体事迹材料〕

开展"三个代表"思想教育活动注重实效性

　　四家子总校在全镇中小学中广泛开展了"三个代表"思想教育活动，在活动中特别注重实效性。

　　总校党支部为了把工作落到实处，抓出成效，组成调研组对全镇中小学校进行了一周多时间的了解调研，认真听取了师生及家长的意见，根据调研情况，坐下来实事求是地进行研究，解决了一些亟待解决的问题。

　　一是减免了部分特困生的学杂费。近年来，旱灾给农民造成了惨重的损失，为了使部分学生不因家庭贫困而辍学，调研组进行了全面了解调查，采取了减免学杂费等有效措施，帮助他们解决学习生活上的困难，全镇共减免58名学生的学杂费，总计人民币1970元。同时，总校又开展了"师生献爱心，救助失学学生"活动，呼吁学校和社会共同关注失学学生，救救这些因贫困而辍学的孩子。

　　二是开展了"教学能手大赛"和"练六功上六课"活动。为了培养中小学教学典型，改进教学方法，提高教育教学质量，开展了全镇中小学教学能手大赛。同时，也组织开展了"练六功上六课"活动。"六功"，即师功、导功、写功、读功、说功、听功；"六课"，即总校教研人员下乡上好示范课，教学能手和骨干教师上好样板课，各校校长、主任上好达标课，外出学习教师回来上好汇报课，专任教师上好合格课，由旗教研室组织的教师上好观摩课。

　　三是加大了中小学"控流防辍"工作的力度。总校严格了辍学生负责制、报告制，并列为专项工作强力推进；镇政府配备了两名专职的义教执法监督员，做好辍学生的说服动员以及敦促工作。通过辍学生所在校老师多次家访和义教执法监督员的敦促劝导，部分辍学生重返校园。

　　四是加大对中小学常规检查力度。总校指定三位副校长带队，分三个督查组深入到各校对教育教学情况进行全面督查。同时，又召开了教师座谈会和家长座谈会，倾听大家的意见，解决实际问题，提出了改进措施。

五是总校组织财会人员，逐校清理账目，完善财务管理制度，规范各校财务管理行为，要求管好物，用好钱，禁止白条子入账和不合理开支，做到日清月结，增加财务透明度。

六是规范了中小学的收费管理，禁止乱收费、搭车收费现象发生，切实减轻学生家长的经济负担。

七是在全镇各中小学中开展了"树文明新风"和"校园拒绝邪教"活动，大兴"学科学、用科学"之风。由于工作务实，活动有效，社会反响较好！

〔发表于2001年6月《敖汉教育管理简报》第5期〕

林家地中学控流防辍"三到位"

为了严格控制义务教育阶段初中生辍学,有力巩固"两基"达标成果,林家地中学把控流防辍工作作为头等大事来抓,做到"三到位"。

1. 宣传到位。学校规定每学期开学前一周以及放寒暑假前的最后一周为义务教育宣传周,组织人力、物力大张旗鼓进行义务教育法宣传。充分利用班周会、校会、家长座谈会、张贴标语、散发传单等多种形式进行义务教育法宣传,使义务教育政策家喻户晓、深入人心。去年放寒假前学校又印发了《致学生家长的一封信》,学生人手一份,宣传义务教育法和政府的惠民政策,尤其突出"二免一补"政策。号召学生人人争当义务宣传员,向家长、社会广泛宣传,从而形成了巨大社会舆论宣传氛围。

2. 救助到位。为做好救助贫困生工作,学校多方筹措资金设立特困生救助资金、学生奖学金,随时对特困生进行力所能及的救助。学校每学期都组织开展"我为他人献爱心"捐资助学活动,校委会成员主动带头,全校师生踊跃参与,形成了良好的献爱心氛围,用拳拳爱心献上一片真情。同时,学校还免除了部分特困生的伙食费及其他费用,让他们安心读书。

3. 措施到位。学校严格按义务教育法开展保学工作,并依法制定了《学困生转化措施》《厌学生防辍办法》《特困生救助措施》《教师家访制度》等一系列有效措施,确保保学工作制度化、规范化和常态化。

认真做好学生家访工作。学期初学校要组织教师进行一次全员家访,做到面面俱到。平日里教师细心观察,做好学生思想工作,发现学生有辍学迹象及时进行家访;教师家访两次不复学,学校派人进行家访;三次家访仍不复学的,学校向当地政府报告,请求义教执法部门依法责令复学。

学校与全校教师签订了责任状,每位教师必保一名临辍生不辍学。学校也把此项工作纳入常规管理之中,每学期每个班如没有特殊情况,若出现一名辍学生在班级总考评中减2分。

由于"控防"工作到位，取得了较好的成效，近三年辍学率较低且出现下降趋势（分别是0.94%，0.87%，0.79%）。

〔2004年5月发表于《敖汉教育督导报》〕

长胜中心校新学期
安全工作做到"七到位"

安全为天,平安是福,学校安全工作刻不容缓,要天天念好紧箍咒,时时绷紧安全弦,安全工作做到"七到位"。

1. 组织健全到位。各校加强安全领导,强化安全管理,建立了安全领导、安全监管、安全责任和安全应急救援四大体系。

2. 安全教育到位。各校每天、每周、每月都分别开展不同层面的安全教育,每天利用晨会进行安全教育,每周利用班会进行安全教育,每月利用校会进行安全教育。同时,本学期《长胜教育信息》开辟《安全工作》专栏,旨在加强安全工作,从而形成安全教育网络。

3. 安全检查到位。做到天天查、周周查、月月查,安全没死角,管理无盲区。

4. 安全措施到位。各校各层面明确安全职责,落实"一岗双责",层层签订责任状,人人头上有职责,建立纵深到底、横向到边的安全全覆盖格局。

5. 活动开展到位。各校积极组织开展安全方面活动,以活动促安全;举办安全知识培训,让师生学习安全知识,掌握安全知识,以知识保安全。

6. 安全投入到位。各校舍得花钱,加大安全投入,完善三防体系,堵塞安全漏洞。

7. 档案管理到位。安全工作必须留有痕迹,档案管理由专人负责,素质高的人负责,责任心强的人负责,安全档案规范齐全。

〔2007年10月发表于敖汉教育网〕

情洒幼教事业　爱心编织辉煌

我自任长胜中心校校长以来,十分重视幼教事业,强化幼教管理,推动幼教改革,致力幼教研究,努力提高全镇幼教教育教学水平,为幼儿健康成长奠定基础。

一、脚踏实地抓幼教,精心筹划谋发展

要么不干,干就干好,这是我多年坚守的信条。几年来,为了幼儿教育事业发展,倾注了大量的心血,做了许多实事。

1.加强业务学习。认真学习并贯彻执行党和国家有关幼儿教育的方针政策,把发展幼教事业列入中心学校日常工作的重要议事日程,每学期至少召开两次以上会议,专题商讨幼教工作,并把幼教工作付诸实际。

2.强化布局调整。为了合理调整幼儿教育布局,优化幼师队伍结构,集中优势办园,借助合乡并村的契机,通过协调和运作,完成合校并园任务。现全中心校有中心幼儿园1所,民办幼儿园1所,各小学设立幼儿班22个,专职幼儿教师55人,使全镇3—5周岁共864名幼儿全部接受到良好教育。

3.改善办园条件。为了营造幼教发展的良好环境,积极改善办园条件,从硬件和软件两方面齐抓并管。一方面,争取政府的大力支持和投入,积极筹措资金。几年来,中心校为全镇幼儿教育投资达19万元,加强了幼儿园内部设施的建设;另一方面,努力提高幼儿教师的保育水平和质量,将"争优创建"工作的各项任务列为保教提质目标,从而保障软件建设到位,为幼儿提供舒适的生活和学习环境。

4.帮助解决困难。为了调动幼教职工工作积极性,关心体贴每一位教职工,做到以情感人,以德服人,及时把温暖送到他们的心坎上。几年来,我校共帮助有困难教职工34人次,发放补助金近7500元。同时,积极发动全镇教职工捐款15000多元,帮助幼教职工解决生活困难,让他们更加安心工作。

5. 稳定教师队伍。针对幼儿教育工作的特殊性,及时准确掌握教职工的思想动态,提前做好思想政治工作,抓住带有倾向性的思想矛头,及时化解影响队伍稳定的不利因素,把全体教职工的思想认识统一到幼儿园工作的各项目标任务上来,使教职工爱岗敬业、安心工作。关注教师的成长,把教师队伍建设放在重要位置,鼓励教师积极参加学习进修、上岗培训和教师技能培训等各种教育培训学习,以此来提高教师的专业水平。

6. 做好“帮带”工作。根据教师的现状,将老教师、骨干教师合理分配,开展了新老教师“帮带”活动,制订“帮带”计划,做到有的放矢,使教育教学水平有了显著提高,并形成有效的梯队,新老教师之间相互学习,共同进步。

7. 加强学校管理。为了幼儿教育工作不断取得进步,加大管理力度,把强化目标管理当作工作的重中之重来抓;强化对个体园的管理,把其纳入到中心校的统一管理中;加强对幼儿园环境管理,使各幼教场所达到美化、绿化、净化、儿童化和教育化的标准要求,为幼儿创设良好的成长环境。

二、身先士卒搞科研,不遗余力钻业务

1. 强化校本教研活动。我深刻认识到:做好幼儿教育工作管理是重点,服务是基础,队伍是保证。《幼儿教育管理纲要》颁发以后,在基础教育课程实践中,我致力于深化幼教改革,更新教学理念,加强课改研究工作,带领教改团队深入幼教一线,一同参与教研活动,多次进行实践研究,在研究中比较不同的教学策略、教学方法、组织形式和价值取向等对幼儿发展的影响,在学、做、研、思的过程中,寻找在教育活动中所隐含的教育价值。

2. 开展课题研究活动。组织教师学习课题方案,明确研究的目的、方法和途径,注重研究资料的积累。以课题为抓手,在实践中敢于大胆进行探索与尝试,提高教师的科研意识与能力,定期开展园本教研活动,活动围绕具体问题进行研讨,教研活动既要注重解决实际问题,又要注重经验的总结、理论的提升和规律的探索。将学习与反思相结合,教学和研究融为一体。

3. 加强业务学习。我深知，外行指导不了内行，因此为了搞好幼儿教育事业，非常注重自身业务素质的提高，只要有空闲时间，就阅读和研究幼教书籍，从理论水平到实践能力，从专业素养到业务能力，从知识储备到学习方法，我都不断充实和更新，用以指导幼儿教育工作。

三、全心全意为幼儿，默默耕耘做奉献

我对孩子充满了爱心，关心每一位幼儿的健康成长，因为我深知只有热爱每一个孩子，教育才能获得成功。

1. 做好争优创建工作。认真做好幼儿园争优创建工作，将各项工作落到实处，我带领中心校一班人根据幼儿的特点制订了相应的教学计划，特别注重了教辅材料的选择和使用，既面向全体幼儿，又要因材施教，使之适合不同发展阶段的幼儿成长。

2. 做好家园同教工作。幼教工作要广泛争取社会的支持，尤其是家长的积极配合，我们组织成立了家长委员会，每学期都有计划、有目的地召开家长会，虚心接受家长提出的合理化建议，还充分利用多种渠道向社会和家长进行幼教宣传，使家园真正携起手来，共同促进幼儿教育的快速发展。此外，为了让每个孩子都能健康、活泼和快乐成长，还注重对幼儿各方面能力的培养。大力提倡在活动中创设情境，激发幼儿参与活动的兴趣，增强幼儿的合作意识，使幼儿在快乐活动中求知，在合作游戏中成长。

3. 做好幼教调研工作。在工作调研中，我善于观察、发现孩子的闪光点，在与孩子相处中，尊重热爱每一个孩子，不仅热爱那些活泼聪明的孩子，更关注那些默默无闻的孩子，给予他们更多的关爱，让他们共同成长。我还注重结合幼儿身心发展规律及特点，带领年轻教师在日常教育教学中抓住每个细节，激发幼儿学习兴趣，开发幼儿智力，培养幼儿独立观察、认真思考的能力，使幼儿学习的积极性、主动性和创造性得到发挥。为了让幼儿能够生活在一个安全舒适的环境中，中心校与幼儿园各岗位人员签订安全责任书，明确安全职责，制定严格的安全检查和预防措施，将安全工作贯穿于幼儿一日活动之中，及时消除潜在的安全隐患，确保了师生安全，赢得了社会的赞誉和家长的一致好评。

　　为了未来花朵的美丽绽放，我就像钟表上劲儿的发条，一刻不停歇地奔走着，但我无怨无悔。在以后的工作中，我会加倍努力，为孩子们的健康成长铺就一条七彩阳光之路，为全镇幼儿教育创造辉煌灿烂的明天！

〔2008年5月敖汉旗幼教事业先进个人事迹材料〕

课改背景下的新型"软管理"

目前，新课程正以强大的生命力走进每个校园，走进每个师生的生活。然而，新课程的全面推进和实施，教学改革的深入开展，没有相应的教学管理制度及管理方式来支撑和保障是不完善的。因此，重建学校教育教学管理制度也自然成为本次课程改革的重要任务。在此背景下，"软管理"孕育而生。

"软管理"也称人性化管理、情感管理、以人为本的管理。它把师生当作服务对象，将管理者置于同师生完全平等位置，对师生给予柔性化的、具有人情味的鼓舞和激励。

"软管理"的恰当运用，能促成人与人之间形成共同的信念和价值取向；它能创设师生同乐、和谐相处的校园环境。笔者认为"软管理"应主要做好以下方面：

善待师生，以情感人。对待教师应建立在充分尊重、充分信任的基础上，特别注重情感投入。绝不能只靠简单的行政命令去做工作，只有以己之心，换人之腹，教师才乐于接受，乐于奉献，乐于创造性地完成教育教学工作。

鲁迅先生的"无情未成真豪杰"，以及民间流行的"人间自有真情在"等诗句，道出了情感的真谛。我校有两位年轻教师从小养成了懒散随便、不求上进的毛病，学校没有对他们采取强硬措施，而是"软着陆"，了解原因，经常谈心，平等对话，处处体贴，对他们晓之以理，动之以情，时间长了，他们思想进步了，工作积极了，并进入了先进教师队伍行列。

平时，为了解教师办公情况，喜欢到教师办公室走走、看看；为了解师生生活情况，到师生宿舍逛逛、转转；为了净化校园，我弯腰捡起地面上的果皮纸屑，以实际行动感化师生，用我的真心换取教师对工作的支持。

管理必须是融入心田、行之有效的管理，要淡化强制色彩。校长应该把以人为本植根于心间，从自身和身边小事做起，彰显人性魅力。

真诚相待，关爱他人。管理学生应当真诚，管理学校亦应坦诚。人非草木，孰能无情。当你用真诚对待别人时，别人也会用诚心回报你。孟子曰："君子视臣如手足，则臣视君如腹心……"古人尚且如此，如今又何而不为呢？管理的一个重要目的就是让人与人之间和谐相处，而坦诚关爱则是和谐相处的润滑剂。学校早晨8：00上课，我每天都是7：30准时到校工作，教师见我来得这么早，也都自觉提前到校，即使有晚来的，也事前请假，说明理由。我校有两位女教师孩子太小，偶尔晚来一次，我总是面带微笑风趣地说："孩子睡懒觉不起来吧？"听我这么说，她们内心颇为感动。从此，为了不迟到，每天早晨都比以前早起做饭，照顾好孩子，这就是情感管理带来的效果。

"软管理"是感化、是内消、是沟通、是互动，是管理效力由内而外的伸展。教师心中有杆秤，管理者对他以诚相待，他们就会"不用扬鞭自奋蹄！"

不存私心，宽以待人。胸中天地宽，常有渡人船。学校管理者，首先要容人之过，纳人小短。水至清则无鱼，人至察则无徒。对他人小过，要心宽。宽小过，总大纲。相反，吹毛求疵，就会失去恢弘气象，这样是最易失掉人心的。

你把别人想象成"天使"，你就会遇到"天使"；你把别人当成"魔鬼"，你就会碰到"魔鬼"。如果你始终用怀疑和排斥心态对待下属，那么他们也会用同样的手段来对付你。管理者遇事要多商量，不独断；多尽职，不争功；多交心，不猜疑。不以个人好恶论是非，不以一己恩怨定奖惩，办事要公，待人要平。管理者只有做到宽宏大度，容人以德，才能受人尊重。

激发自尊，鼓励他人。学校管理者，要善于维护和激发教职工的自尊心，绝不能轻易否定他们的闪光点，校长赠送教师最好的礼物是"赞美"。当学校某个人的做法正确与否引起人们争议时，作为校长，首先要认真鉴别，哪怕有失误，但认定其出发点是好的，有可取之处，就让其充分发挥自己的特长，以激发其自尊心，使其更加努力工作。

教师重声誉，重感情，渴望自己的工作得到校领导肯定和重视，校领导要根据其业绩情况进行恰如其分、发自内心的表扬。反之，不分轻重，时时处处的表扬只能让人感到腻烦、虚伪，使表扬成了"廉价的漂亮话"，失去了应有的激励作用。

教师有较强的自尊心，当教师有过错时，校领导批评要注重场合，讲究艺术，因人而异；切不可感情用事，大会批，小会说，损其形象，伤其自尊。可私下里找其谈心，指出不足，帮其改正，提出要求和目标。

教师不同于机器，其工作也不是机械运动。他们的活动轨迹千变万化：情绪愉快时，即使工作再繁重也无怨言；心境不佳时，哪怕举手之劳也可能有负面情绪。校长的重要职责之一就是鼓励教师乐业敬业，创设和谐的人际关系，营造融洽的教学氛围。

民主管理，平易近人。依靠教师，尊重教师，将教师吸引到学校管理中来，是办学取得成功的法宝。校长如果把自己看作"老板"，把别人看作下属，那么校长就会与教师格格不入，成为孤家寡人。为此，校长必须有高度民主作风，善于团结大家共同工作，要经常深入到教职工中，把管理工作从办公室、会议室做到宿舍里、饭桌旁，和教职工交心结友，及时把握其思想脉搏。

校长要有自知之明，应当清醒地认识到：学校管理是一项复杂系统工程，教书育人是创造性劳动，如果没有大家同心同德，团结一致，全力以赴，共同奋斗，就不会有教育最佳效果。

校长要善于听取各种不同意见，充分相信别人，尊重别人，平等待人，集思广益，决不能自视清高，目中无人，这样才能实现有效管理。

当然，我一味强调"软管理"，并不否定强制手段，要因人而异，要柔韧处有刚直，刚毅中有柔性，刚柔相济，相辅相成，方可奏效。

学校管理者，应做教师的良师益友，要以德感人，以绩服人，以心暖人，以情动人。寓"软管理"于实际工作中，就会产生"随风潜入夜，润物细无声"的效果。我相信：你的心在哪里，你的管理就在哪里获得成功。

"软管理"魅力无穷！

〔赤峰中小学校长论坛经验材料，发表于《敖汉课改动态》2005年第8期〕

优化管理，突出特色，全面提升办学水平

一年来，在旗教育局的正确领导下，以科学发展为统领，以提高质量为核心，优化管理，突出特色，内强素质，外树形象，圆满完成年初安排的各项任务。

一、常规管理成效凸显

1. 管理制度扎实有效。目标化管理制度，教师综合考核制度，师德建设承诺书制度，学校年级部管理制度以及德育工作的"31234"学生培养工程的实施，提高了管理水平，提升了管理效益。

2. 特色工作亮点突出。在抓管理抓实抓细的同时，狠抓学校特色工作。①实施了"十星级学生争星认星"活动，就是为了更好地贯彻新课改理念，完善学生评价体系，更好地发挥学校的育人功能，鼓励更多学生获得成功，让不同学生的个性得到张扬。②师生精细化管理的有效实施，匡正了教职工的教育教学行为，学校实行了《新惠二中学生日常行为四十则》，严格管理，严格要求，突出人性化，从而使师生的修养有良好的提升。③继续深化小课题研究活动。小课题研究是我校多年开展教研工作的重点，在运行过程中，注重培养，注重积累，注重联系，注重过程，注重实效，注重总结，使其在我校开花结果。④改革课堂教学模式。本学期，我校借鉴江苏洋思中学"先学后教、当堂训练"课堂教学模式和山东昌乐二中"271高效课堂"教学模式，结合本校实际，建构了新惠二中"三段七层"本真课堂教学体系，在初一年级进行了有效尝试，效果明显。

二、主题活动稳步推进

1. 学校文化建设初见成效。学校文化建设是全旗教育工作的重点，我校狠抓学校文化建设，精心打造人文型校园，开展了一系列活动。比如：开展了"五星级班集体"评比活动、"四星级教师队伍培优争创"活动、"三

星级宿舍"评比展示活动等,都取得了较好的效果。同时,我校在环境建设上做文章,在软硬件建设上下功夫,美化硬化绿化校园,反响较好。

2. 教改成果推广深化。一是立足常规管理,提高教学质量。严格集体备课关、课堂教学关、课堂常规关、成绩检测关等。二是立足课程管理,规范教学行为。学校管理人员深入一线,立足实际,深入课堂,确保质量。同时,加大对备、上、辅、批、考等环节检查力度,及时分析,及时反馈,及时解决。三是立足课堂研讨,解决实际问题。利用"3·15""9·15"教学开放周,积极开展校本教研活动。注重实际,注重平时,积极开展研训活动。课程改革工作积极稳妥,逐步深入,效果显著。

3. 安全稳定成效明显。健全安全制度,强化安全措施,开展安全教育,提高防范意识,强化安全检查,堵塞安全漏洞,加大安全投入,完善三防体系。由于制度健全,措施有力,工作务实,一年来,未发生重大安全事故,也没出现影响大局的不稳定因素,物防技防投入资金6万余元。

4. 师德师风明显改观。扎实开展了"师德行风创优年"活动,实行师德承诺制度和师德经验交流制度,开展了家长评学校、学生评教师、教师评班子的"三评"活动,举办了家校师德建设联谊活动等,不走过场,力求实效,坚持不懈,持之以恒,形成长效。

5. 后勤管理规范有序。树立服务意识,规范后勤管理,精心谋划工作,做好后勤保障。一是提高认识,统筹规划。做好公用经费的统一规划,把钱用在刀刃上,用在教育教学上。二是加大投入,改善条件。学校想方设法争取资金,投资80万元,加强硬件及基础设施建设,改善学生的就读条件。三是强化管理,规范服务。加强后勤管理,强化服务意识,按规定办事,提高后勤服务保障质量。

6. 艺体活动蓬勃开展。我校按上级要求,立足实际,树立健康第一的思想,全面开展文体活动,建立多个兴趣小组,成效显著。在全旗中小学乒乓球赛、篮球赛、阳光体育长跑等各类赛事中取得较好成绩。2015年5月,舞蹈《功夫扇》代表敖汉旗参加赤峰市艺术汇演,取得全市第二名的好成绩。强化艺体工作的常规管理,上齐上全各类课程。加强"三操"管理,提高"三操"质量。

7. 教师队伍健康发展。加强师资队伍建设,提高教师育人水平。想方设法创造条件, 积极开展校本研修工作, 做到经费、师资、书籍和设备四落实。强化教师的业务学习, 充分利用我校的先进教学设备, 建构"校本研修""网络教研"相互融合的教研新机制, 提高教研有效性。同时, 认真学习新课标, 每位教师每月写一份学习新课标体会, 学习中国教育家冯恩洪的《创造适合学生的教育》等读本, 每两周写一份较有价值的心得体会, 纳入年终考核。

8. 机关建设显著加强。

(1)围绕机关建设总体目标, 以肃纪整风工作为抓手, 以提高管理效能为重点, 强化机关制度建设, 严格执行学校各项规章制度。

(2)全面落实各项岗位责任制, 责任分解到人, 强化岗位监督, 全方位加强教职工规范管理。

(3)加强机关联系制度, 为基层教职工排忧解难, 做好机关服务工作, 树立良好机关形象。

"莫道今年春将尽, 明年春色倍还人。"有全校师生共同努力, 务实的举措, 有为的干劲, 稳妥的环境, 明年定会"百尺竿头, 更进一步!"

〔2015年6月敖汉旗教育工作会议经验交流材料〕

注: 山东昌乐二中"271高效课堂"教学模式, 即20%的知识自学能会, 70%的知识合作学会, 10%的知识教师教会。新惠二中"三段七层"本真课堂教学体系, "三段"即课前、课堂、课后; "七层"即课前对章节、单元进行整体优化, 课前定内容分解、时间分配和呈现方式, 课堂上引导学生自学和同伴帮学, 当堂检测和反馈, 课堂上学生互评和教师讲评, 做好培优转差工作, 做好反思得失和总结提升。新惠二中"31234"学生培养工程, 即学生做到爱学习、爱劳动、爱祖国, 发展一项才艺专长, 掌握两个体育锻炼项目, 提高阅读、倾听、表达三种能力, 培育责任、规则、民主与合作四种意识。

踏踏实实做事　实实在在做人

　　几年来，我以"当助手，做公仆，抓管理，提质量"为工作目标，以"揽事不揽权，用权不越权，做事不争功，到位不越位"为工作准则，刻苦学习，扎实工作，圆满完成各项工作任务，现总结反思如下：

　　一、勤学苦练，为教学管理奠定基础

　　作为业务校长，要认真研究古今中外的教育发展史，刻苦研读教育教学理论、教育法律法规和新课改教育理念，坚持去粗取精的原则，做到古为今用，洋为中用，学为我用，力争实现在学习中积累，在积累中感悟，在感悟中提升。孔子曰"温故而知新，可以为师矣"，从中懂得巩固旧知识与探索新知识的辩证关系，明确教育者有传递和发展文化知识的使命，既要注意继承，又要探索创新。为此，教学管理者要遵循教育规律，坚持真理，敢于挑战，实事求是，因材施教；要懂得继承，在继承中不断发展创新，理论联系实际，努力实现符合本校实际的教育教学目标。

　　二、扎实肯干，为学校的发展竭心尽力

　　古训："其身正，不令而行；其身不正，虽令不行。"

　　业务校长是教师的排头兵，应时时处处起模范带头作用，在工作中，我坚持"早到晚退，尊上敬下，少说多干，扬长避短"的工作思路，坚守工作岗位，严守工作纪律；在业务上，我做到"自己讲课高质量，指导别人高水平"；在课程上，我努力做到"精一科，懂多科"，强化学习，不断充实自己，以无声的行动代替有声的命令，潜移默化，榜样带动，逐渐打造了一支"肯吃苦、善学习、业务强、能战斗"的教师队伍，为学校的改革与发展尽心尽力。

　　作为业务校长，必须有很强的工作执行力，履行职责决不拖沓，得过且过，而是全力以赴，雷厉风行，保质保量完成任务。

作为业务校长，要做到"心勤、手勤、眼勤"，随时洞察各种问题，及时化解各种矛盾。对自己分管的事，能够果断处理，独立完成；特殊的、重大的事情，要及时请示汇报。在处理问题时，最大限度地符合学校和群众利益，拿出新举措，想出新办法，解决新问题，收到好效果。

三、抓好管理，为学校提质增效提供动力

几年来，我带领教学管理人员以强烈的事业心和责任感，努力抓好教学管理工作，建立正常教学秩序，营造良好的教学氛围。在工作中勤学苦干，善于思索，不断创新，坚持原则，公正履职，教学工作运转正常，从而高效地完成了教育教学任务。

（一）狠抓课改管理，向课堂教学要质量

课堂教学是实施素质教育的主渠道，课堂教学效率的高低决定着教学质量的优劣。为了提高课堂教学质量，加大教学改革力度，我们全校上下统一思想，提高认识，精心安排，周密组织，建章立制，强力推进，全程督导，人人参与。做到实事求是，因校而异，不搞花样翻新，在借鉴了江苏洋思中学"先学后教、当堂训练"的教学模式和山东昌乐二中"271高效课堂"教学模式的基础上，经过认真研讨，反复酝酿，在全校全力实施了"三段七层"本真课堂教学体系的建构和实践研究，目前正在小步慢走，一步一个脚印，稳妥扎实地向前推进，打造适合我校的个性高效课堂，从而达到提质增效的目的。

（二）狠抓教研管理，努力实现科研兴校

一个学校的教育教学要想实现可持续发展，就必须坚持科研兴校策略，教科研工作是打造高素质教师队伍的"金钥匙"。首先，培养教师的敬业精神。爱岗敬业，师所必为，名利得失，师所必弃，不怕没经验，就怕不敬业。其次，建立科学考评机制。考评是教师管理的重要环节，客观、科学、公正的考评是合理使用教师，充分调动教师工作积极性的前提。再次，提高教师的科研能力。要重视培养和提高教师的科研能力，积极为教师创造学习的条件，做教师专业化发展的引导者和促进者。

（三）狠抓教学管理，提高管理效能

1. 加强教学常规督查。教学常规检查实行月评制，坚持领导检查、教师自评和教师互评相结合，让广大教师参与到教学管理中来，激发大家的主人翁意识。我本人也亲临教学一线，深知：做管理者是"凤凰牌"，当教师才是"永久牌"，为掌握基层情况，深入课堂，身先士卒，坚持听课，带头上课，了解掌握教学动态，适时进行指导，为师生做表率。实行月考月馈制，促使学生时时有压力，次次有进步，教学质量稳中有升，几年来，教学质量连年攀升，2016年又取得了全旗第二名的好成绩。

2. 抓好基础年级教学管理。万丈高楼平地起，发展好坏在根基。基础年级的教学质量直接决定着毕业年级学生的质量，从而影响着中考考试的成绩。我一直高度重视基础年级教学工作，提出"狠抓基础年级教学，为毕业年级打好基础"的目标，制定措施，定期召开教师座谈会、学科组长会、家长座谈会等，加强质量分析，强化整改措施，抓好工作落实，全力提升质量。注重"培优转差"工作，采取多种措施，做好因材施教，使人人都有发展，让优等生更好，中等生学好，学困生帮好，全力提升教育教学质量。

3. 抓好毕业年级教学管理。我一直高度重视毕业年级教育教学工作，发现问题，及时反馈，及时解决。适时找师生谈心，理顺情绪，增强信心，播洒希望。经常与一线教师沟通交流，和他们一起查阅资料，梳理思路，破解难题，总结反思，帮助他们解决教育教学中遇到的困惑和问题。2016年暑期，我校的初升高考试各科成绩均有大幅提高。

四、找准定位，为创建和谐校园助力

1. 认清角色，找准位置，为学校决策积极献言献策。俗话说："家有千口，主事一人。"在工作中，我积极主动维护校长权威，带头执行学校的决策部署，以大局为重，绝不拉帮结派，搞小团体势力，而是摆正位置，精诚团结，密切配合，同台唱戏，互相补台，使学校各项工作整体推进，和谐发展。同时，如果发现学校工作中出现苗头问题，主动去化解，重大问题积极向校长反映，协助校长把问题消灭在萌芽之中。

2. 协调关系，疏通渠道，为构建和谐校园尽心尽力。常言道："人若上百，形形色色。"我校有教职员工200多人，学生2300人，每人都有自己的思维和行为方式，难免存在差异，有时会发生摩擦，在这样的情况下，在涉及一些热点和难点问题上，劝和促解、降温减压是至关重要的。几年来，无论哪位同志在工作、学习和生活上有什么怨言，有什么疑惑，有什么怨气向我倾诉时，我都会耐心倾听，动之以情，晓之以理，用"春风化雨、润物无声"的方式去劝导他们，让他们怨气十足地来，心满意足地走，心情愉快地投入到教育教学工作中。

对待个性强，偶犯错误的学生，我主要采取以心换心、以心暖心的方式，给他们讲现在的形势，讲父母的期望，讲老师的苦心，让他们深受教育，认识并改正自己的错误。

3. 和谐相处，搞好团结，为增强班子战斗力积极努力。"团结产生力量，凝聚诞生希望"，班子团结事关学校大局，业务校长作为班子的重要成员，起到承上启下的作用，在各种场合，要有意识地宣传学校的办学理念，有目的地突出教师的闪光点，应带头搞好团结，协助校长协调好班子内部关系，积极营造融洽的工作氛围，增强凝聚力。当然，团结不是一团和气，和谐的前提是积极进取。业务校长要遵守学校各项规章制度，知难而上，狠抓落实，提高个人及班子的整体战斗力。

五、修身立德，为师生树立良好榜样

1. 认真学习政治理论。认真学习邓小平理论、"三个代表"重要思想和科学发展观以及"中国梦"的精神和内涵，坚持挤时间、抽空闲去研读，领会其精神，并注重加强自己的党性修养，树立正确的世界观、人生观和价值观。严格遵守党风廉政建设的各项规定，始终以一名合格的共产党员标准要求自己，廉洁奉公，勤政为民，堂堂正正做人，踏踏实实做事。严格遵守学校各项规章制度，严于律己，以身作则，团结同事，身先士卒，努力加强自身的思想道德修养。

2. 加强政治品德修养。作为业务校长，我在提高自己道德修养的同时，也特别注重教师的师德师风建设，组织教师认真学习《中华人民共和国教师法》《中小学教师职业道德规范》，使大家从思想上明确作为一名教师应遵守的职业道德规范，严格要求自己，树立良好的为人师表形象，具体有三个方面的要求：一是热爱学生，建立平等、民主、和谐的新型师生关系，坚决杜绝歧视差生，体罚和变相体罚学生的现象，做到依法执教，廉洁从教，文明施教；二是以身作则，作为一名教师，要"衣着定位"，让学生无时无刻受到审美教育，自觉修身养性，以德服人，以德立教；三是要面向全体学生，切实贯彻"因材施教"原则，让每一名学生都得到健康发展。

3. 提升自己的人格魅力。人品是威信的源泉, 作为管理者, 必须以身作则, 身教自己, 言传他人, 要用才能和德行让教师信服, 在教师中树立威信, 要严于律己, 勤于思考, 做有思想的管理者。要有自己的独到见解, 勤于学习, 善于总结, 推陈出新, 随时解决教育教学中出现的各种问题。

我清醒地认识到, 在工作中仍有许多不足, 离组织的要求和同志们的期盼还有差距, 如教学质量提高幅度还达不到领导的期望; 管理水平和能力有限, 未能给同志们提供更称心如意的服务等。在今后的工作中, 我将服从领导, 团结同志, 开拓进取, 埋头苦干, 为教育事业的发展做出自己应有的贡献!

〔2016年度个人工作总结〕

第四篇　课改观察篇

课改创新了生命,它为课堂注入了无限生机和活力,它带来了孩子们快乐的笑脸,也伴随孩子们健康成长。为此,我们必须怀揣课改的赤诚之心,肩负课改希望之任,扬帆起航!若不向前走,我们的脚下就没了路!

作文激趣"三法"

作文教学是语文教学的重头戏,但也是学生最头疼、最厌烦的苦差事。教师布置作文,学生长吁短叹,对作文毫无兴趣,轻者抱怨,重者抵制,草草应付,不求实效。几年的语文教学实践和对新课改的粗浅感悟,个人认为新理念下作文教学主要应从学生作文兴趣的培养、激发和提高上抓起,要狠下功夫。

一、利用教材,培养写作兴趣

语文课堂教学除了进行听、说、读训练之外,写的训练更应重视。教师不应只在每个单元基础训练中进行写的训练,更应在课堂教学中有机渗透作文教学,讲读课文时,应帮助学生体会写法,加强学生作文能力训练。课下教师可适当布置读后感、片断作文或练笔作文等。

教师讲读一篇文章后,想方设法培养学生写作兴趣。大教育家夸美纽斯说:"如果人们吃饭时没食欲,勉强把食物吞到胃里去,其后果,只能引起恶心和呕吐,最少也是消化不良,健康不佳。反之,如在饥饿驱使下,把食物吃到胃里,那就乐于接受,并很好地消化它。"可见,拨动学生乐于写作的心弦,激发写作情趣,效果最佳。如学习《卖火柴的小女孩》一文后,让学生们思考:假如卖火柴的小女孩来到我们身边,我们应该怎么办? 同学们兴趣十足,想象丰富,然后教师抓住时机布置了《卖火柴的小女孩和我们在一起》一文,学生写作兴趣浓了,作文质量高了。培养写作兴趣不是一朝一夕的事,教师要结合课堂教学长期进行训练,学生作文水平就会在不经意中得到提高。

二、走入生活,激发写作兴趣

作文来源于生活,是生活的写真和升华。学生作文时最头疼的就是无啥可写,为此,学生必须深入生活,撷取生活的浪花,去讴歌生活。平时,教师要鼓励学生走出课堂,观察生活,积极生活,利用日记、随笔等形式,留下生活中有益的痕迹。同时,多让学生参加一些活动,及时捕捉素材,抒写真情实感,以此来激发学生深入思考,点燃学生创造性思维的火花。

三、加强阅读,提高写作兴趣

单从课本中学到知识,积累素材是远远不够的,我们引导学生除了认真学习课本外,还要多读课外书籍和报纸杂志等,扩大知识面,充实写作材料,提高写作能力。"读书破万卷,下笔如有神。"书读多了,知识丰富了,写起文章就会得心应手,运用自如,写作兴趣也就空前高涨了。书是前人经验和智慧的结晶,每个人都有自己的世界观、自己的风格和特色语言,那些精彩的描绘、形象的比喻和优美的词段都要学习借鉴,引导学生正确运用,外引内消,取精去粕,会使文章增色生辉。"书山""学海"写作材源,学之以恒,取之不竭,知识丰富了,写作兴趣也会大大提高。

兴趣是最好的老师,教师要让每位学生用兴趣引导写作,用写作陶冶生活,写出属于自己的真心作文。

〔发表于《敖汉教育督导报》和《内蒙古教育》2006年第3期〕

课堂教学要做到"六要"

课堂教学是教育教学过程中的主要环节,是推进素质教育的主要阵地。在课堂教学中,要做到"六要"。

一、教学目标要突出素质意识

素质教育的宗旨是要全面提高学生基本素质,使学生"学会做人,学会求知,学会劳动,学会生活,学会健体和学会审美。"因此,教学目标应由简单传授知识,单纯追求应试转换为全面提高学生素质,捕捉课堂中的素质教育机会,将课堂教学的着力点放在既传授知识,又启迪思维,既教学方法,又培养能力的素质教育上来。

二、教学内容要面向全体学生

素质教育的宗旨要求平等、公正对待每一个学生,使学生获得均等的培养锻炼和提高机会,因人而异,因材施教,才能使每个学生在原有的基础上得到生动、活泼和主动发展。面对不同层次的学生要根据"保基础,求发展"的原则,进行规划、指导和落实,使其都能得到相应程度的发展和提高。

三、教学过程要情感充沛

素质教育要求教师要以德立人,以情感人,以理服人。教师在课堂教学中情感投入的多少强弱,决定着课堂效果的优劣和教学质量的高低。教师情感充沛,语言生动形象,情真意切,语调抑扬顿挫,才能感染学生,吸引学生的注意力。只有师生情感水乳交融,课堂才会生动活泼,富有创造性。

四、教学手段要体现时代特点

素质教育要求重视现代化教学手段的应用,可充分利用录音、录像、投影、电视和计算机等现代教学设备,将声、光、色和像有机结合,形成立体教学氛围,通过学生感官将抽象的要领具体化,减轻其认知上的难度,提高认知的质量和效率。

五、教学方法要灵活多样

素质教育要求对传统的、陈旧的教学方法进行改革。我们要注意培养学生的创造意识和创造才能,在教学中充分体现"教师为主导,学生为主体"的原则,突出学生的主体地位,采用各种教学方法调动学生的主动性、自觉性和积极性,激发学生的学习兴趣,激励学生充分发挥想象力和创造力。

六、作业布置要适量而有梯度

布置作业是课堂教学的一个有机组成部分,组织好学生作业,对于培养学生良好的习惯和发展学生的智力有着重要作用。布置的作业,不应使学生负担过重,对不同层次的学生搞"一刀切"。要根据大纲和教材的基本要求,根据"下要保底、上要封顶"的原则,课内作业按A、B两类设计和指导,课外作业布置必作题和选作题两类,使每一个学生都能通过自身努力独立完成作业,得到不同程序训练和提高。

课堂教学是一门艺术,教师还要用美的追求和多角度的构思去设计每一堂课和每一次活动,真正把素质教育更好地体现在课堂教学之中。

〔2005年4月发表于《敖汉教育督导报》〕

课堂提问要找准"火候"

古代大教育家孔子曰："不愤不启,不悱不发。"意思是说:当学生学习时,不到苦思不解而又要求解答时,不去开导他;不到学生心中有了体会又说不出口时,不去启发他。孔子这一教学方法所说的"悱愤",无疑讲的就是教师提问的"火候"——学生产生了强烈求知欲的节点。

平时课堂教学时间有限,为师者在有限时间内怎样帮助学生创设"愤悱"之意境,进而为"启发"奠定基础呢?笔者认为应主要注重以下三方面:

一、巧设铺垫,适时点拨

当知识的果子高高挂在树上,学生跳高也摘不到时,教者的责任就在于帮助学生架梯铺垫,指点他们掌握攀摘的方法。朱自清的散文《春》第四节描写春花,文字优美,景色迷人。如何启发学生掌握文中修辞手法的妙用对写景的好处呢?若教者直问,学生难免会用"生动、形象"之类的泛泛之词应答,而实际他们不知所云,这样草草回答,学生被动接受,效果不佳。如果教师在上课前写一段与课文内容相近而无修辞手法的朴实文字,让同学们思考是教师写得好,还是朱自清写得好。通过对比,帮助学生创造"愤悱"意境,促使学生进入"愤悱"状态。学生思路拨通了,思维活跃了,纷纷说出自己的理由,达到了教学目的。巧设铺垫,适时点拨能帮助学生疏通阻塞的关卡,使学生消除畏难情绪,循路探幽,真可谓"雪中送炭"。

二、反中求正,曲径通幽

有些课文的重点、难点往往比较深奥,正面引导颇费周折,此时,适当"反弹琵琶",也许能使学生很快进入"愤悱"之意境,为"启发"奠定基础。如王安石的《泊船瓜洲》中的"春风又绿江南岸",一个"绿"字使整个画面充满勃勃生机,给人以动感。如何使学生领会诗的意境和锤字炼句的作用? 可从反面引导:风应"吹"或"刮","绿"形容颜色,怎能与春风搭配呢? 我们把它换成"刮"好吗? 学生思维大门敞开,讨论发言积极,一番折腾后,很快发现"吹、刮"无色彩、没动感,然后教师又给学生们讲了王安石改字的经过,经过如此一番"启发",火候合适,学生感悟到"绿"字的妙用,领会了诗的意境。

三、巧提问题,促进启发

白居易的《卖炭翁》中"可怜身上衣正单,心忧炭贱愿天寒"的诗句,理解此句感受卖炭翁的贫困窘迫,进而理解全诗的主题有很大帮助。为了更好地理解诗意,教者没必要把意思直接告诉学生,而应提出一个问题让学生思考:寒冬腊月,衣服单薄,应愿天暖,而为何"愿天寒"? 多数学生欲言又止,心有而说不出,此时我们及时启发:为何"心忧炭贱"? 让学生联系诗中"卖炭得钱何所营,身上衣裳口中食"等句,想象此句诗的意境,只要能多卖点钱,解决家人吃穿之难,即使受寒冻之苦也心甘情愿。通过及时点拨,学生体会了诗的深刻主题。

为此,课堂提问学生,一定要适时、适度和适法。只要启发到位,火候正好,课堂教学就一定能达到意想不到的效果。

〔发表于《教汉课改动态》2005年5月第13期〕

新课改要求 "实"

时下，素质教育开展得有声有色，各地掀起了"上六课"及新课改的热潮。笔者有幸目睹了一些教师所谓的"公开课"。诚然，经过大家几年的努力，教师的教学思想、教学方法和教学手段等均有很大程度的改观，教学成绩也有很大提高，人们已从传统的教学泥潭中脱离出来，实则可喜可贺！然而，不难发现教学中"机械呆板模仿"已悄然成风，而且愈演愈烈。有些教师为了刻意模仿区内名教师的教法，也不管什么课，什么科，盲从效仿，牵强附会。听说有人来听课，事先做好准备和包装，对学生千叮咛万嘱咐，唯恐出现差错。为了精彩的课堂表演，重复别人的故事，学生分组讨论，教师走下讲台，方法可取，这点是肯定的。但有些学校的个别班级仅有少得可怜的几名学生，教师为了"表演到位"也把学生分成几组，让学生分组讨论，试问这种分法合理吗？课文中的问题设计没坡度、没难度，或者课前根本没动脑筋设计问题，为了好看，表面气氛活跃，教师提问随意，问题不论大小，难度不论深浅，都要让学生讨论，甚至"一加一等于几"，"人"字怎么写之类也在学生讨论之列，简单明了的小问题，使学生故作姿态。不难看出，课前教师已给学生下了"圣旨"，要求学生讨论要热烈，发言要积极。有些难点，小组讨论时，学困生还没弄清怎么回事，尖子生就已经滔滔不绝，问题全让他们说了，学困生只能被动接受，表面上课堂很活，实则弊病不少。有些教师看到人家使用现代化教学手段授课，效果很好，自己也学着用，而由于不熟悉，课上用起来手忙脚乱。诸如此类，比比皆是，不免有邯郸学步、东施效颦之嫌。学人之长，补己之短，在教学中值得提倡，但问题是学些什么。教师自身一些好的教学方法要继续发扬。

　　总之，在教学中，我们必须吸取"邯郸学步"的教训，要立足现实，只有把"学别人"与"学自己"有机结合起来，才能提高课堂教学效果。学人忘己、学新忘旧者，岂不悲哉！

　　〔2004年发表于《敖汉课改动态》，2005年5月发表于《内蒙古教育》〕

语文教学重在读

　　新课程改革正逐步深入，它以强大生命力走进校园，步入师生心间。然而，一些传统的好教法也绝不能丢弃。譬如：语文教学中的读文就不可或缺。古代的私塾教育，让学生一遍一遍地读，先生对课文不做分析，殊不知如此的读，却让学生读懂了文章，并对课文内容有了见解（当然我们不提倡读死书和死读书，但其中的进步意义值得借鉴）。古人云："书读百遍，其义自见。"可是如今有些语文教师把这句话抛到九霄云外去了。他们在课堂上仍搞一言堂，不给学生读课文的时间，就是读文也让学生草草地读一遍，然后就开始理解课文重点、难点，使学生一下子感到语文课的难度增加了许多，甚至失去了学习语文的兴趣。

　　语文教学重点就是培养学生的感悟和理解能力，而这两种能力的获得途径就是学生在读中体验和感知。特级教师于永正说："语文教学就是以学生诵读原文的练习为主线，通过多种方式联系学生的原有知识经验去领悟语文内涵。"有的教师说，现在学生玩心太重不想学习，费了很大劲儿，讲的知识一点儿也记不住。究其原因在于教师给学生的自由时间太少，自由读文时间太短。有的教师认为，讲得少学生记不住，只有反复强调才是记忆好方法，这是对学生缺乏信任的一种表现。把时间交给学生，并不是教师放任不管，躲到办公室喝茶聊天，而是发挥教师的主导作用，提前设计好问题和任务，让学生在读中感悟，在读中解决。有的教师也让学生读，一般只是默读或自由读，形式太单一。读的方法很多，还可以教师范读、学生领读、分角色读等，但在读时教师一定处理好以下几个问题：

　　1. 范读要标准。教师范读必须吐字清晰，读音标准，否则会把学生领到"邪路"。用土语读文味道也确实难闻，有的教师很难改变方言土语，但是可以放录音、下载现成课件或请说普通话较好的师生课前录好音，只要我们用心去想、用心去做, 就会找到好办法。

2. 读中体现感情。我们要求学生有感情朗读课文, 指导学生用心去感知课文内容, 体会每一个词、每一句话和每一段渗透的情感因素, 从而领悟作者的深刻用意, 这样就实现了学生、教师和作者三者心灵互动与情感沟通, 学生对课文理解更加深刻, 掌握更加牢固。

3. 及时纠正错误。学生读文时, 语速快慢、重音位置教师都要很好地定位, 特别要纠正学生的"唱读"和"破读"现象。学生养成良好的读文习惯, 练就读文基本功, 对语文教学大有益处。

4. 读中解决问题。引导学生边读边解决问题, 不能为了读文而读文, 而应于读中发现问题, 于读中解决问题, 这才是读文核心内容。但需教师引导, 让学生感知读是可以解决问题的, 从而增强其阅读兴趣。

总之, 读对说、听和写都有促进作用, 因为学生只有读懂了, 才会真正变成自己的知识储蓄。教师要培养学生多读、会读, 日积月累, 语文教学就会收到省时省力、成效显著的效果。

〔发表于2006年5月20日《赤峰教育报》第3版〕

初中数学课堂教学要做好"四环节"

数学"四环节"教学由引导置疑、合作学习、反馈归纳、升华创新四部分构成。目的是贯彻因材施教原则,面向全体学生,有的放矢地分类指导,最终使学生学好数学,提高学习效率,培养学生会学、善学和乐学,逐步形成较强的自学能力、创造能力、分析能力以及动口、动手和动脑等能力。

第一环节　引导置疑

"疑"能使学生心理上感到茫然,产生认知冲动,因此教师要巧妙设置疑问,本环节可以根据学生的实际和教材内容,采用不同的方式。

(1)教师在备课时由新旧知识的联系将本课的知识问题化,在上课时首先提出来(板书、多媒体等方式均可),问题的设计要注意基础性、针对性、指导性、连续性和趣味性,分解设问,层层递进。

(2)抓住数学知识与生活实际的联系,提出关键的、富有挑战性的问题,激发学生已有的认知结构与当前要研究问题的认识冲突,从而在学生极富兴趣的情况下引出新知识。

(3)由教师创设问题情境,抓住学生"奇中生疑,疑中生问"的特点,由学生提出的疑问引出新知识、新问题。

第二环节　合作学习

该环节可以是师与生合作,也可以是生与生合作,还可以二者同时存在。师生围绕上一环节提出的疑问,共同参与新知识教学,可以按不同的途径进行,但都离不开讨论这个环节。

途径一:教师参与学,学生参与教,教与学多层次缠绕,融合互促,让学生自己动手、动脑画图得出正确结论;或让学生之间相互交流,达成共识,最后师生共同分析得出。总之,该环节要力求让师生的主导和主体结合在一起,以提高教学的活力,收到事半功倍效果。

途径二：以学生自学为主，教师精心设计提纲，提纲要力求具有指导性、知识性、趣味性和启发性。教师既要注意教学方法、教学艺术，又要注意对学生的学法指导，注意引导学生分析知识的产生过程，抓住学生稍纵即逝的思维"火花"，及时进行点拨。

第三环节　反馈归纳

该环节主要是在学生完成练习题的过程中得以实现，教师要恰当地选择源于课本的习题或课本题的变式题，使学生在完成题目的过程中，对知识点的掌握情况得到反馈。

第四环节　升华创新

该环节是实现学生对所学知识由量变到质变飞跃的重要过程，在知识的应用过程中，可引导学生参与编题，演练综合题（如变式题、开放题、探索结论题、学科间横纵联系题等），设计解决问题的方案，归结习题规律等多种训练，鼓励学生大胆质疑和释疑，勇于发现和创新。特别可通过一题多解练习和课后想一想问题的解决，来实现学生知识掌握的升华与创新。该环节常用的联想、想象、迁移、逆向思维和辐射思维等方式，有利于学生思维方式的培养。

"四环节"教学是为了使数学课堂教学适应素质教育的要求，它使数学教学从重"传授知识"的传统模式转变到"以激励学生学习为中心"的实践模式，把学习的主动权交给学生，促使学生的数学素质得到发展，培养学生的良好个性品质。它要求师生共同活动，通过学生自己发现获取知识，培养能力，这样师生、生生间多向交流，相互诱导，相互启发，既可疏通思维，形成正确认知，又能达到不但"授之以鱼"，而且"授之以渔"的目的。

〔2006年发表于《敖汉教育督导报》〕

为真情作文

作文教学一直困惑着教师和学生,学生一写作文就头痛,动起笔来就手软;教师上作文课讲得口干舌燥,累得腰酸背痛,其结果仍收效甚微。与其这样,还不如让学生把他们亲眼看到的,亲耳听到的,亲身经历的写出来,效果会更佳。为此,教者应做好以下三方面:

一、指导学生写真景

农村孩子对城市高楼大厦、喧闹繁华了解颇少,而对山村的幽静、田园风光和风土人情等情有独钟,不妨让学生写写这些。如春天到了,让学生走出课堂,步入大自然,深入现实生活,让学生在五彩缤纷的世界中观察生活,汲取感性信息,写出自己的真情实感,效果会更好。

二、培养学生叙真事

让学生说实话、写实事,不仅能锻炼写作,还能培养学生诚实的良好品质。这样的作文学生写起来头脑清晰,心中有底,写作有序,不觉得难写。比如:班里有两名同学发生口角,教师就可抓住这个机会让他们把争吵过程写出来,写清时间、地点、原因和结果。学生把这件事写得有条有理,有始有终,同时,通过作文又认识到自己的不足,并表示今后一定互敬互爱,做一对好朋友。这样,既写好了一篇文章,又培养了他们的互爱品德,何乐而不为呢?

三、教会学生抒真情

生活是作文的源头活水,真情来自于现实生活。教者要培养学生养成细心观察生活的习惯,把观察到的东西及时记下来,写出真情实感,如在作文时,让学生参加与作文有关的游戏、主题班会等。指导学生注意观察发生在自己身边的人和事,学会在平凡生活中发现事物的真善美,用心去体会生活,用笔描绘生活。

　　总之,作文要让学生说真话、写真事和抒真情,让学生在生活中成长起来,真正成为写作的主人。

〔发表于《中国育人》2007年第8期〕

创设问题情境　培养学习兴趣

如何激发学生学习兴趣,培养学生的学习能力,是当前学科教学的热点话题,但就数学学科教学而言,例题的适讲、习题的设计等在引导学生会学习和能力打造方面显得尤为重要。

一、习题注重人性化

一个人只有在宽松的氛围里,才会展示自己内心的世界,才会勇于表现自己,个人的主观能动性才得以发挥。教师的职责就是给受教育者提供成长发展的外在条件并加以引导和帮助。如:选择题变为"精心选一选",填空题变为"耐心填一填",计算题变为"细心算一算",解答题变为"用心写一写",附加题变为"探索与思考"……这些人性化的书面语言和充满人情味的习题设计,会拉近师生之间的距离,激发学生的求知欲,实现教学效益的最大化。

二、习题注重趣味性

以生为本,创造一个有利于学生快乐活泼和主动求知的学习环境,使学生各个方面和谐发展,也是新课标的基本要求。例如,宋元四大数学家之一的朱世杰在《四元五鉴》中讲述了一个流传千古的数学诗题:"李白无事街上走,提着酒壶去买酒。遇店加一倍,见花喝一斗。三遇店和花,喝光壶中酒。"请同学们算一算李白壶中原有酒多少斗? 若这样的趣味性问题出现在课堂上,走近学生身边,一定会让学生兴趣勃发,激情盎然!

三、习题注重生活味

《数学课程标准》中指出:强调从学生已有生活经验出发,让学生亲身经历将实际问题抽象成数学模型并进行解释与应用的过程。我们不仅在课堂上联系生活,在习题编拟上也要贴近生活,让现实的生活数学走进学生视野,使他们通过动手、动口和动脑来探索解决问题的过程,增强学习数学的主动性, 发展求异思维, 培养生活态度和创新精神。

例如, 星期天妈妈让小李去买菜, 小李来到蔬菜市场, 准备挑选一种肉类, 两种不同蔬菜, 以及一种点心, 若不计较挑选次序, 则他可以有多少种不同的选择方法?

肉类: 牛肉、鸡肉、猪肉、羊肉

蔬菜: 马铃薯、蘑菇、芹菜

点心: 巧克力、蛋黄派、果冻、饼干

再比如, 2004年9月2日, 39岁的父亲给女儿小凤过12岁生日, 这一天, 小凤的父亲给她出了一道题, 问: "再过几年, 我的年龄是你的年龄的10倍?"

学生把数学知识与实际生活中的事物联系起来, 知识生活化了, 学生学习起来就感到有趣易学。

四、习题注重应用性

学习数学就是为了解决生活中的问题, 习题的素材要密切联系学生的现实生活, 运用学生关注和感兴趣的实例作为认识背景, 创设问题情境, 发展数学应用意识, 激发学生的求知欲, 使学生感到数学就在身边, 与现实联系紧密。

例如: 填表, 在质量检测中, 抽得标准质量为450克的奶粉5袋, 图示结果如下:

袋号	1	2	3	4	5
质量(克)	446	454	448	452	441
差值(克)					
差值的和(克)					

要求: 用有理数表示每袋奶粉质量与标准质量的差值, 列式计算5袋奶粉质量与标准质量的差值和。

学生在解决数学实际问题中提升数学思维质量, 培养了创新意识, 在教学平台上为学生提供趣味性、生活化、人性化的问题情境, 培养学生应用意识和解决问题的能力, 促进了学生全面、持续与和谐发展。

〔2010年发表于赤峰教育网〕

语文学习要注重积累

现代著名学者吕叔湘曾说：中小学语文教学效果差，毕业生语文水平低……十多年时间，两千多课时，用来学国语，却是大都不过关，岂非咄咄怪事！寻根问底，究其主要原因是腹中无物，词汇空空，无"米"下锅。要解决这个问题，不能全在写作技巧上下功夫，必须认识到积累的重要性，让学生储备足够的"米"。笔者认为应主要从以下四方面入手。

一、每课都要熟记名段佳句

现在有些教师在分析课文时，把文章剖析得支离破碎，深入浅出，而总在文章的技巧上下功夫，结果教师费事，学生头疼，收效甚微。相反，教师如果有选择地让学生背诵一些优美段落，精美词句，对提高学生写作水平大有益处。

同时，要重视读的作用。书读百遍，其义自见。在学习课文中，引导学生有目的、有计划地阅读课文，或细读、默读、跳读，或听读、熟读、分角色读，学生便在读中感悟，久而久之，文章思想内涵、写作技巧和语感体会等会自然渗透到学习语言意识之中，自觉不自觉地加以运用、创造和发展。

二、每日都要背诵成语警句

课文、报纸杂志中的成语和名言警句很多，但学生在写作文时运用的甚少，即使使用也不能恰如其分，究其原因就是没有"记死"的缘故。为此，教师一定要用好课前三分钟或晨读等时间，让学生轮流讲解，学生搜集，做好笔记，教师定期检查。还可充分利用好"学习园地""黑板报"等，做到每周一换，督促学生学习交流，这样日积月累，年复一年，会有很大收获。学生的脑海中有了内容储备，自然会出口成章，写作随心所欲，文章定能增光添色。

三、每周都要搜集有价值的材料

这个活动可让学生分组完成，人人收集整理，小组参赛，一比高低，互相交流，共同提高。学生抄录并朗诵，内容广泛，形式多样，脑海中有了鲜活的材料，提笔还会忘字吗？

四、时刻把知识与实践相结合

语文是一门人文学科，它与社会息息相关。有人说："给我一部《红楼梦》，我会弃掉一切教材。"就其社会性而言，不敢否认；但就教好学生而论，不敢苟同。不要把语文变成狭隘学科，要让其成为开放的、时代的和综合的学科，这既是新课改的要求，也是时代所需。为此，需注重培养学生的阅读习惯，并广泛涉猎，把在社会上学到的知识融合到语文教学之中。

"问渠那得清如许，为有源头活水来。"只有源源不断的"活水"，写起文章才会胸有成竹，文如泉涌。

〔2010年6月发表于《赤峰教育报》〕

浅谈数学教学的有效性

追求课堂教学的有效性，就是要求我们在新课程理念的指导下，在发挥学生主体作用的前提下，提高课堂教学实效，形成探究、合作和对话为内容的课堂教学文化，通过课堂教学互动，构建符合学生身心发展的有效课堂。

《数学课程标准》指出："学生是数学学习的主人，教师是数学学习的组织者、引导者和合作者。""数学教学活动必须建立在学生的认知发展水平和已有的知识经验基础上，教师应激发学生的学习积极性，向学生提供充分从事数学活动的机会，帮助他们在自主探究和合作交流的过程中真正理解和掌握基本数学知识与技能、教学思想和方法，获得广泛的数学活动经验。"而课堂教学是实施素质教育的主渠道，也是打造有效教学的主阵地。

一、浅谈我对数学的理解

（一）数学研究的是关系

代数研究的内容是数和字母的运算关系，几何研究的内容是图形位置关系和数量关系，我总结归纳了一些"顺口溜"让学生熟记。比如，有理数加法总结归纳：同号相长，异号相消，绝对值PK，大的能赢；再如，合并同类项法则：合并同类项，只求系数和，字母指数不变样，以此来让学生理解易记，灵活运用。

（二）数学需要的是能力

一个生理健康的人，就先天具备了能听、能动和能写的能力。通过学习，让他们把这些能力显现出来，从而会理解着听、会理解着说和会理解着读写。数学更需要条理性思考、条理性分析、条理性解决。数学对人有很大的影响，比如：计算步骤的条理性，熟练掌握，学生终身受用；几何分段问题相当于语文中的说明文,每段看似单独存在,实则段与段之间有一定的必然联系,一定要注重顺序,掌握方法。

（三）数学注重的是思想

数学教学过程中通过一个笑话的体现,一般与特殊问题的转化,让学生充分体会转化思想的运用。利用代数式化简与求值,整体代入运算,整体设元、换元及几何中的补形（当角平分线遇上垂直,当角平分线遇上平行等）让学生掌握"整体思想"在数学中的实际运用。

（四）数学体现的是图形

课堂教学通过对图形语言的理解,看图说话,尺规作图的规范,草图的比例从不同方向、图形的分解与组合培养学生的识图能力。要明确三个问题,"干什么? 要什么? 依据是什么?"依据三个动作"读题""看图""想关系";告诉学生"用什么"就是"因为","怎样用"就是针对性的想和恰当的表达,"得什么"就是"所以",有依据就是理解支撑并针对难点形成小专题,通过谈"理解与细节"进行审题,谈"简单与复杂"进行拆分题,谈"数与量的关系"进行应用题教学,谈"位置与数量"进行几何题教学,谈"变量与变化"进行函数题教学。对于难题,就像法官审案一样,一句一句地问,一句一句地答。通过教师领做,小组合作,师生同做等多种方式逐一解决,并提倡好题做三遍、中考题分类积累、错题集中整理等方法,让学生通过不断学习,逐渐完善自己,充实自我。

二、如何实施有效数学课堂教学

（一）创设生活情境,激发学习兴趣,体验数学"美味之道"

数学来源于生活,又应用于生活。美国教育心理学家布鲁纳认为:"学习是主动的过程,对学生学习内因的最好激发是对所学材料的兴趣,即主要来自学习活动本身的内在动机,就是直接推动学生主动学习的心理动机。"而我国著名数学家华罗庚也曾说:"人们对数学早就产生了枯燥乏味、神秘、难懂的印象,原因之一便是脱离了实际。"因此,教师要善于从学生熟悉的实际生活中创设教学情境,让学生走近生活,让学生在生活中看到数学,接触数学,激发学生学习数学的兴趣。创设情境就是明确学习目标,通过开门见山式、复习提问式、以旧蕴新式、铺垫引入式等方法引出新课。这样新颖有趣地引入课题,会唤起学生的求知欲,点燃学生的思想火花，为学生获得新知识铺设一条平坦大道，巧妙地创设了教学情境，激发了学生的学习兴趣。

（二）运用启发式教学方法，让学生感受数学的"抽象之美"

数学知识是抽象的，要充分启发引导学生，让他们在积极主动的观察、实验、讨论等数学活动中自主学习。要从学生实际出发，采用多种有效形式，先予启发，让学生多活动多观察，主动参与整个教学过程，通过自己的努力，发现规律，沟通新旧知识之间的密切关系，从而充分调动学生学习的积极性和主动性，激发学习兴趣。在讲"全等三角形"时，呈现这样的情景：小明画了一个三角形，怎样才能画一个三角形与这个三角形全等？我们知道全等三角形三条边分别对应相等，三个角分别对应相等，总之这六个元素分别对应相等，这样的两个三角形一定全等。但是，是否一定需要六个条件呢？条件能尽可能少么？以此引导学生分类研究，对学生不合理的分类，教师予以纠正；对学生提出的不同策略，要予以肯定和鼓励，以满足学生多元化的需求，发展学生的个性思维。按照三角形的"边、角"元素进行分类，师生共同归纳得出：①一个条件，一角，一边。②两个条件，两角，两边。③三个条件：三角，三边，两角一边，两边一角。根据以上分类，按顺序动脑、动手操作。教师收集学生的作品，加以比较，得出结论：只给出一个或两个条件时，都不能保证所画出的两个三角形一定全等。通过分类讨论逐渐得出：三边对应相等（SSS），两角和夹边对应相等（ASA），两边和夹角对应相等（SAS），两角和其中一角对边分别相等（AAS），都可以证明两个三角形全等；而直角三角形除了以上四种证明两个三角形全等的方法以外，还有一种特殊方法，即只要满足斜边和直角边对应相等（HL），就能判定两个三角形全等。通过逐渐引导和启发，可以帮助学生更好、更快、更有效地学习。

（三）在自主学习中发挥学生主体作用，主动建构数学的"知识框架"

美国心理学家布鲁纳曾说："探索是数学的生命线，没有探索就没有数学的发展。"《数学课程标准》也指出：动手实践、自主探索与合作交流是学生学习数学的重要方式。数学课堂教学要为学生提供"做"数学的机会，使学生在具体的操作、整理、分析和探索交流活动中变抽象为具体，获得广泛的数学经验,从而实现有效教学。让学生在亲历中获得知识,这对学生发展十分有益,如在"平行四边形面积计算"的教学中,多数教师都会采用演示法引导学生学习新知,但还是教师讲得多,动得多,往往没有留给学生充分探索的时间和空间。可以首先指导学生画出一个长20厘米,高10厘米的平行四边形,用剪刀剪下,然后提出能否把这个平行四边形转换成学过的平面图形来计算它的面积呢?接着是学生的小组合作学习。在教学中,教师只是适时地点拨、引导、合作,没有太多的示范和言语,把学习主动权还给学生。在自主探究过程中,有的学生就发现每个人手中拿的是等底等高的平行四边形,它们的形状不尽相同,但能拼成相同的长方形,从而得出面积公式。通过学生的思考、动手操作、小组交流,点燃了他们的智慧火花,使他们感受到数学的"魅力之美"。

（四）让不同的学生在数学上得到不同的发展,享受数学的"成功之趣"

由于智力发展水平不同和个性特征不同,认识主体对于同一事物理解的角度和深度必然存在差异,因此所建构的认知结构必然是多元化、个性化和不尽完善的。学生的个体差异表现为认识方式与思维策略的不同,以及认知水平和学习能力的差异。作为一名教师,要及时了解不同学生的个体差异,积极评价学生的创新思维,从而建立一种平等、信任、理解和相互尊重的和谐师生关系,营造民主的课堂教学环境,学生才会在这样的环境中大胆发表自己的见解,展示自己的个性特征。对于学困生,教师要及时给予引导,肯定他们的点滴进步,从而增强其学习数学的兴趣和信心。

在教学过程中,学生提出与教师不同的见解,教师不应只是简单地否定学生的观点,而要给予热情鼓励。不同的学生语言表达能力不同,不管是否严密,我们都应加以引导,使其逐步提升。多给学生创设展示自己探究成果的机会,让他们获得成功的体验,激发他们的学习热情,享受数学学习的"成功之乐"。

三、反思课堂教学的"四个关注",提高课堂教学的有效性

关注课堂教学的预设与生成,关注课堂教学的思维含量,关注学生的学习方式,关注学生的学习效果,并在平时的教学中把这些内容写入教案中,及时进行教学反思,总结归纳,从而提高课堂教学的有效性。

有效课堂作为一种理念，一种教学模式，应引起从教者的关注与思考，实现真正意义上的新课标所倡导的"人人学有价值的数学，人人都能获得必需的数学，不同的人在数学上得到不同的发展"。这就要求教师学习先进的教学理念，结合自己的特色和学校学生的特点，形成自己的教学风格，提高课堂教学的有效性，全面推进素质教育。

〔2011年4月发表于敖汉教育网〕

对话小组合作学习

今天与老师们交流三个话题，也是我个人粗浅的理解吧！

一、转变观念，强力推进课改

1. 为了提高课堂质效。眼下，学校教育的各种弊端促使我们必须改变传统的课堂教学方式，要变"讲堂"为"学堂"，变教学为帮学，变教知识为传授方法，"授人以鱼，不如授之以渔"，学生掌握了学习方法，会终身受用。教师应是学生学习的组织者而不是主宰者，应成为学生学习的引导者而不是主导者。

2. 为了培养学生学习兴趣。当下，有些学生厌学、弃学，究其原因有多方面，但"学无兴趣"是其中最主要的。"兴趣是最好的老师"，而如今许多学生是强迫学、压抑学，年级越高越严重，所以，必须变"要你学"为"我要学"，变强制学为主动学，培养学生会学、乐学、终身学习的能力。

二、理解内涵，强化小组学习

1. 小组合作学习应有目标。教师事前必须有预定目标，有实施目标的方法、途径，必须达到的预期效果，不能骑着毛驴看唱本（走着瞧），更不能老虎吞天（无从下口）。

2. 小组学习是一种学习形式。小组学习不是教师放而不管，教而不顾，而是放而不乱，放而有法，化整为零，有效提升小组学习质量（分田单干式）。

3. 小组学习注意不同层次学生学习效率的差异。每组把学生分成A、B、C三类，学生有差异，高低不一，小组学习中，要做到好的会更好，中的也能好，差的要帮好，不是好差平均，更不是快的等慢的。

4. 小组学习注意照顾全体。倡导人人是主角，个个是主人，学生平等地参与、展示和汇报，而不是仅仅让几个尖子生在课堂上泛泛出彩。

5. 小组合作学习注意课堂质量。合作学习不是作秀，凑热闹，更不是走形式，搞花架子，而是通过这种渠道，达到教与学双赢的目的。

三、找准角色定位，强化教师的作用

要求教师努力做到"题优、诱启、得法"。

"题优"即问题优化，目标的设计，知识点的设计，要有坡度、有梯度、有效度、有难度。

"诱启"即启发诱导，提出质疑，旁敲侧击，启发智力。

"得法"就是教给学生学习方法，使其掌握自主学习技能。

这里再多说几句，姑且抛砖引玉，结合我原来写的几篇文章，做一沟通与商榷。

1. 学会 "扬弃"，不要生搬硬套。《从"邯郸学步"想到的》一文中写到，一说课改就一哄而起，一说课堂讨论就做得五花八门，机械模仿成风，课上作秀，追赶时髦，花拳绣腿，比比皆是。问题不大，简单至极，也搞小组讨论，表面热闹，实则无效，结果学人忘己，东施效颦，别人的东西没学成反而把自己的优势、亮点也丢了。我们学习他人的目的应该是借鉴和选用人家之长，补齐自己的短板，打造自己的符合学科特点的个性高效课堂。

2. 学会提问，做到火候适中。《课堂提问找准"火候"》一文中说，找准火候，不愤不启，不悱不发（蒸馒头的发面效应），适时适度适法；而有的教师老犯毛病，比如怕完不成任务，常常包办代替，急于代答，或启发错位，总怕跑出自己预设的圈子等。

3. 学会预设环境，做到曲径通幽。《"南风"随想》一文中提到，课堂不是审判庭和一言堂，而应是快乐之家、和谐之庭。"北风"劲吹，学生为抵御风寒，心灵大衣裹紧，不愿沟通和交流，达不到预设效果。为此，要提倡"南风式教学"，让学生心灵大门敞开，春风和煦，阳光明媚，融洽、快乐、自主、情愿、理解、信任、期望和鞭策等境况层出不穷，气氛好了，效果一定会更好。

〔2015年6月发表于敖汉教育网〕

课堂教学浅析

课程改革迎春风,杏坛处处百花争。

南欢北跃皆上阵,赵钱孙李各家鸣。

课堂教学勤于耕,教育规律要记清。

理论支持实践验,吾辈仍需持以恒!

经过几年的课程改革,课堂教学虽然亮点多多,但改革路上,仍困惑点点,有时甚至依然在误区中徘徊。

一、教师的主导作用还在弱化

1. 教师是学生学习的激发者、辅导者、各种能力和积极个性的培养者,为此,教师的主导作用不可小觑,而且更应强化教师对学生学习方法的指导和学习能力的培养,这样才会更有效地打造高效课堂。

2. 教师对新课改认识有偏颇,误将过去的教师"一言堂"变为如今优秀学生的"一言堂",师生交流和互动偏少,知识拓展和延伸低下,课上变成了几个人表演的舞台,丢失了对中下等学生群体的关注,导致教学整体质效不高。

3. 教师过度夸大学生的作用,割裂了学生和教师主体与主导的关系,课上学生唱"独角戏",教师形似看客,尴尬至极。

二、课堂教学实效仍被忽视

1. 课堂教学不要机械模式化。课堂教学追求实效,但课堂教学操作不宜模式化,认为每堂课都按某一模式严格操作,既呆板又固执,缺乏灵活和创新性。只有适合自己的,才是最好的!

2. 课堂气氛决定课堂教学效果。课堂上,气氛的调适要有节有度。若课堂气氛表面活跃,讨论展示等只图热闹,表演作秀,花拳绣腿,则学习活动层次低下, 缺少实效。真正的高效课堂要看学生思维的活跃程度、学习的深度及学生的能力生成情况。

3. 课堂教学不要重结论轻过程。教学中某一问题得出的结论, 往往成为注重的焦点, 而得出结论的思维过程则往往被忽视, 其实过程比结论更重要, 本末倒置, 效果不佳。

4. 课堂 "导学案" 与课堂操作过程相脱离。"导学案" 编写过于粗糙, 罗列习题过多, 缺乏精选, 不能将教材内容问题化, 更不能将知识点进行整合, 缺少实体的学法指导。

5. 课堂教学教师讲授要适度得法。课上, 教师该讲的内容必讲, 不该讲的一字不讲, "少讲" 不是 "精讲", 更不是讲的越少越好, 而是厚习精讲, 批改提点, 诊断激励, 互动拓潜。教师要在把握标准, 挖掘教材, 掌握学情的基础上, 抓住重难点, 讲在点子上, 充分调动学生思维活跃性。

6. 课堂教学小结要精心设计。教师往往对一节课的开头比较重视, 特别构思, 巧妙安排, 而对小结有些忽略, 存在随意性。其实, 小结更重要, 它是一节课目标的归纳, 精髓的集中, 要根据教学内容、课型和对象不同而采取不同形式, 或收于情, 或结于理, 或启于思, 或抒于景……只有如此, 才能做到锦上添花, 余味无穷。

三、教师的机械模仿依然成风

1. 有些教师为了刻意模仿名师的教法, 不管什么课, 不论什么科, 机械模仿, 牵强附会, 既庸又杂, 令人难受。

2. 有些教师为了表演到位, 学生分组, 讨论展示, 无可非议, 但习题设计没梯度, 少难度或者课前根本没动脑筋设计问题。为了好看, 气氛活跃, 教师信口开河, 学生被动应付, 姿态百出。

3. 有些教师片面追求课堂的完美, 将灌输转移至课前, 将课堂变成舞台, 听说有人来听课, 千叮咛万嘱咐, 唯恐出差, 课堂学生来表演, 自己成 "闲僧"。

4. 有些教师看人家使用现代化教学手段来授课, 效果不错, 自己不熟悉技术, 平时不常用, 课上用起来手忙脚乱, 大汗淋漓, 无所适从。

四、传统的教学手段不能丢弃

1. 传统的一些教法, 我们应采取 "扬弃" 态度, 好的拿过来, 不要丢弃。

2. 传统的讲授法有其独特之效，一些学科，有些节点，讲授法就大有作为。如大部分学生自己解决不了的而小组合作后仍有疑难的问题，教师讲授就派上用场了。

3. 传统的教学方法不能一棍子打死，它要与新课改模式有效对接，将好的做法接纳过来，打造适合学科特点、符合自己个性特长的有效课堂。

五、小组合作学习缺少实效

1. 小组合作学习是课堂教学中的重要环节，不应该有名无实，有雷无雨，真正的小组学习是"相互学"而不是"相互说"，更不能把它绝对化，当作"万能胶"。

2. 小组学习时，有些教师严格按所有小组分配任务，造成题数不够，展示过长；应在自学记忆基础上抽出部分难的、重要的进行分组讨论展示，从而起到抛砖引玉、画龙点睛之功效。

3. 小组讨论展示问题，要在预习时解决，并在小组合作时提取需讨论、展示、拓展的问题，简单的内容不必讨论展示，可自行解决。另外，教材上没有的，学生讨论不出的，或者毫无价值的问题，坚决不让学生讨论，否则费时费力，事倍功半。

4. 小组讨论展示时，有些难点问题，学困生还没弄清怎么回事，优等生就滔滔不绝了，学困生只能迷迷糊糊被动跟着走，表面活跃，实则弊病不少。

粗浅的课堂教学，如何走出上述误区呢？

一、营造务实的"一种教学氛围"

课堂教学是实施新课改的主阵地，来不得半点虚幻，一定要真功实做。

1. 扎实备课。备课是上好课的重要环节，因此教师要真实了解班情学情，既要备教材，又要备学生；既要备知识，又要备学生的能力。导学案是师生共同学习的路线图，学生学习的导案，它的设计一定要实在有效，设计的环节要考虑到学生实际水平，不同层次学生学业水平，要让差生"吃得了"，中等生"吃得好"，优秀生"吃得饱"，因生而异，各有成长。

2. 真实上课。课堂教学要求真实，不是表演作秀。课上，教师要做到信息真实，教学过程真实，检测考评真实，提高课堂质量真实。

3. 朴实辅课。课堂讲究真情，反对课堂只能看不能用的现象。比如：一节课，用尽所有的现代化教学手段，闹得人眼花缭乱，让学生不知所措；课堂展示，教师将精彩内容集中于一节课上呈现出来，给人不实之感，效果也不佳。课上，要让学生真思考，真合作，真学会，创设务实高效的个性课堂。

二、树立正确的师生"二主观念"

师生角色定位和师生角色转变是实施新课改的重中之重。

首先，教师是学生学习的组织者而不是主宰者。新课改要求，教师再也不要把知识传授作为自己的主要任务和目的，以及把主要精力放在检查学生对知识的掌握程度上，而应成为学生学习的激发者、辅导者和组织者，为学生创造自主学习的条件。

其次，教师是学生学习的引导者而不是主导者。新课改下，主要任务是转变学生的学习方式，教师要引导学生自主读书，自己感受事物，自己观察思考，进而培养学生会学习、乐学习和终身学习的能力。

切记，新课改倡导的以学生为主体，以教师为主导的观念，我们一定抓实抓细，落到实处。

三、倡导实施教学的"三种模式"

教学一定要遵循教育发展规律，以提高教学质量和培养学生能力为核心，营造良好的教学氛围。

1. 倡导实施"以学定教"模式。它是以学习内容确定教学方式，依据学情确定教学起点、方法和策略，运用恰当的教学艺术，让每一位学生实现优化发展，共建高效课堂。

2. 倡导实施"以标导教"模式。教师对每单元、每篇文章、每节课都要科学规划，认真构思，确定预设目标，对文本内容进行整合，以学习目标导入教学，创设优质课堂。

3. 倡导实施"以科施教"模式。因学科、对象、框架不同而定式施教，因科而异，打造个性课堂。

以上均为个人之见，抛砖引玉，仅供参考。

〔发表于《赤峰教育报》2016年第652期〕

第五篇　　教研探微篇

　　教研教改是学校教学工作的"大动脉"，质量要提高，教研必先行。为此，教研工作要立足校本实际，追求实际效果，注重实际应用。可以说没有教学研究就没有教学质量，要让教研滋润课堂，让课堂结出教研硕果！

从"邯郸学步"想到的

　　传说，战国时代，燕国有位青年人到邯郸，他看到那里人走路姿势很美，就跟着人家学，结果不但没学好，反而连自己原来的步法也忘掉了，只好爬着回去。这则故事已流传几千年，意义颇深。

　　时下，素质教育开展得有声有色，各地掀起了"上六课"及教研教改的高潮。近日，笔者随组下乡检查工作，目睹了一些教师所谓的"公开课"。诚然，经过大家几年的努力，教师的教学思想、教学方法和教学手段等均有很大程度的改观，教育教学成绩也有很大提高，人们已从传统的教学泥潭中解脱出来，实则可喜可贺！然而，不难发现教学中"机械呆板模仿"已悄然成风，而且有愈演愈烈之势。有些教师为了刻意模仿区内名教师的教学，也不管什么课，什么学科，呆板盲从，牵强附会。听说有人来听课，事先做好准备和包装，对学生千叮咛万嘱咐，唯恐出现差错。为了精彩的课堂表演，重复别人的故事，学生分组讨论，教师走下讲台，方法可取，这点是肯定的。但有些班级学生很少，教师为了"表演到位"，也把学生分成几组，让学生分组讨论，试问这种方法合理吗？课文中的问题设计没坡度、没难度，或者课前根本没动脑筋设计问题，为了好看，表面气氛活跃，教师提问题信口拈来，问题不论大小，难度不论深浅，都让学生讨论，简单明了的小问题，学生故作姿态。不难看出，课前教师已给学生下了"指示"，要求学生讨论要激烈，发言要积极。有些难点问题，小组讨论时，学困生还没弄清怎么回事，尖子生就已经滔滔不绝，学困生只能被动地跟着走，表面课堂活跃，实则弊病不少。有些教师看到人家使用现代电化教学手段授课，效果很好，自己也想用，但又不掌握、不熟悉技术，课上用起来手忙脚乱，不知所措。诸如此类，还有许多。

　　学人之长，补己之短，在教学中值得大家提倡。但问题是学些什么？如何因人因时因地而妙用？教师自身一些好的教学方法，要继承和发扬。另外，传统的一些东西，我们应该"扬弃"它，好的不要丢弃。比如：随着电脑的普及，人们对写字训练弱化了，有的教师对学生写字不做过多要求，有些学生把汉字写得"一塌糊涂"，而我们绝不能把老祖宗创造出的优美的方块字给丢了，对于过去写字训练的一些好方法，我们应继承下来，训练学生把汉字写好。还有，过去特别注重学生对语文重点文章和重点段落的背诵，我个人认为这十分有必要，因为学生长期背诵优美的文章或片段有助于增强文字修养，有助于促进学生记忆力的发展。

　　总之，在教学中，我们必须吸取"邯郸学步"的教训，只有把"学别人"与"学自己"有机结合起来，才能提高课堂教学效果。

〔发表于《赤峰教育》2018年12月第754期〕

优化课堂教学　提高学生能力

在实施素质教育过程中,我们紧紧抓住课堂教学这个主要环节,把握以"教师为主导,学生为主体,训练为主线"的教改指导思想,优化课堂教学,以此来实现素质教育,大面积提高教学质量。

一、加强指导,培养能力

传统的课堂教学以传授知识为主要目的,教师把自己事先学过的知识照本宣科地讲授给学生,教师在课堂上强调学什么,忽视怎么学。这样做学生学会了一些知识,学会了考试,但扼杀了学生的想象力和创造性思维,也不利于培养学生自己去猎取新知的能力。人类社会已经经历了漫长的时期,积累了相当丰富的知识和经验,面对新的飞速发展时期和知识爆炸的年代,新知识层出不穷,学生只有通过课堂学习,掌握自己去获取新知识的方法才是最有效的。"授之以鱼,不如授之以渔。"因此,在课堂教学中,结合学科教学,在传授基础知识、基本技能的同时,着眼对学生学习目的、学习心理和学习方法的指导,指导学生树立正确的学习观,培养科学的学习态度。在学习中锻炼坚强的意志,在学习中总结适合自己的学习方法,提高获取新知识的能力,使学生既学会又会学。

二、追求"会学",培养个性

"应试教育"最大的不足莫过于对学生个性的泯灭,把学生训练成了会做题的"机器"。培养学生的个性要从更高层次和起点上构建素质教育新框架,防止"应试教育"反弹和素质教育平庸化。学生学习效率的提高,需要每个学生个体去完成,如果学生具有良好的个性,必将使智力的开发成为一种自然,学习成为一种自觉、渴望和乐趣,就会变被动接受知识为主动地寻觅知识,就会不满足于"学会"而追求"会学"。教师要按照教学系统中自身运动、变化和发展规律,培养学生的自主意识、自主能力、自主行为。教会学生有个性地认识主体地位,充分发挥自身积极性,主动发展个性特长。

三、精讲精练,提高效率

"精讲"指教师在教学中,时时注意师生间双边活动和生生间的双向活动,从学生实际出发,突出教材重点,用简练的语言准确揭示教学内容的本质特征和知识间的内在联系,教给学生认识规律和解决问题的思路和方法,引导学生自主学习。"精练"指教师根据教学目标和要求,筛选少而精的例题和习题,分别指导各层次的学生通过多种途径进行积极训练的活动。"精讲"和"精练"的目的在于留给学生更多的自主时间去发挥自己的才能,去展示自己的特长,在自主发挥和自我发展中去升华自己,在个性的张扬中去提升素质,提高学习效率。

四、分层递进,因材施教

教学中要协调教学目标和要求,使教学要求置于各层次学生最近的发展区之中,同时调动学生学习可能性中的易变因素,使教学要求与学生学习可能性相互适应。通过对学生进行同质编组,实施分层教学,分层练习,分层辅导,分层评价,分层矫正,使各类学生分层发展,各类学生在原有基础上都有所提高,有所收获。

五、开展活动,自我教育

启发和引导学生增强提高自身素质和综合能力的竞争意识,引导学生敢于探索新问题,勇于实践,把科学知识内化为提高素质教育的有效途径,不断改进思想教育方法,如举办演讲、竞赛、参观、主题活动和校园文化活动等,使学生在多样化的活动中拓宽知识面,培养奋发向上的竞争意识和创新精神,在活动中培养集体观念和团结协作精神,从而达到"自我教育"的目的。

〔2004年4月发表于《敖汉教育督导报》〕

以"学"促"导"，培养能力，发展智力

在21世纪的崭新时代，中国教育发展趋势集中体现在"解放孩子、提高素质、全面发展"这一新的目标上，要实施这一目标，就要求我们走"古今中外综合创新"之路，创造一种新型教育。更新教育观念，"一切为了孩子，为了一切孩子，为了孩子一切"。面向全体，全面提高学生的思想道德、文化科学、劳动技能和身体心理素质。变应试教育为素质教育，关键在改革课堂教学，变封闭式为开放式，科学处理教师、教材、学生三者之间的关系，培养学生的自学能力。在教学内容上，突出重点、难点、疑点。在教育方法上，突出启发诱导。在教学思想上，突出学生的主体地位，教学归根结底是为了学生的学，使长期以来"一切为了考试"和"读书为了升学"的教学思维得到改观。为此，必须坚定地推行教学改革，首要的任务则是更新观念，改革落后的教育方法。学是内因，教是外因，教只有通过学才能起作用，只有使学生快乐、活泼、主动地发展，才是素质教育的核心。

一、乐学、会学，充分发挥学生作为学习主体的能动作用

在教学过程中，教师是教导的主体，学生是学习的主体。教师的教导只有通过学生主动而有效的学习，才能有效地促进其身心素质发展。因此，激发学生的学习动机，发展学生的学习能力，使学生乐学、会学，充分发挥其作为学习的主体的能动作用，便成了教育方法改革的核心内容。

"乐学"是指学生对学习具有浓厚的兴趣，不仅感到"应该学习"，而且"乐于学习"。激趣是乐学的核心，是发挥学生作为主体内驱动力的重要手段。教师应根据不同学科、不同年级阶段学生的特点，采取多角度、多形式交叉结合的方法去激发学生的兴趣。

游戏激趣：多用于中、低年级，或从游戏中引出问题，或从游戏中开启

思路, 或将认知要求融于游戏活动中, 或将技能训练寓于游戏活动中, 让学生在玩、乐中愉快学习。

动手操作激趣: 做个试验, 提出问题, 激发学生的好奇心和探究感, 让学生自发动手操作, 在实践过程中, 主动去观察问题、分析问题, 得出结论。

创设情境激趣: 如语文课在美的语言环境中, 用"美读"去激发学生的情感体验, 帮助学生理解语言美和文章的思想情感; 也可在优美的音乐中, 去陶冶情操; 或在各种变化多端的试验情境中引导学生探究"为什么"。

教具、学具及现代化的教学手段激趣: 通过多种教学手段, 使抽象的教学内容直观、形象化, 让学生亲眼看一看, 亲手摸一摸, 计算机屏幕的动画、语音室的立体音响、多媒体的运用, 使学生感到新鲜好奇, 能够全神贯注地学习。

设疑激趣: 通过设疑, 启发学生动脑子思索问题, 引导学生由此及彼, 由表及里, 探索事物的本质与规律。

学习责任感与学习兴趣, 这是学生学习动机的两个主要构成要素, 两者是相辅相成, 缺一不可的。只有学习责任感而无学习兴趣, 学习就会变成苦差事, 成为一种沉重的心理负担, 压制学生的聪明才智; 只有学习兴趣, 而无学习责任感, 则又会爱一科、厌一科, 爱一时、厌一时, 难以全面持续地保持旺盛的学习动力。因此激趣与励志, 都是激发学习动机的重要手段。"励志"的方法同样应多样化、生动化, 为学生喜闻乐见。

意义励志: 即用生动形象的事例, 讲明学习的重要意义, 激发学生学习的责任感。

目标励志: 即根据学习的进程, 不断地提出一个又一个切实可行的近景与远景奋斗目标, 激发学生为实现目标而奋发向上的志向, 并让学生体验实现一个个目标的喜悦。

榜样励志: 为学生树立一个个先进而又真实动人的学习榜样, 发挥榜样的激励作用。

竞争励志、表彰励志: 这是调动学生内在积极因素, 激发学生好好学习、不断进步所常用的好方法。

"会学"是让学生具有独立地、科学地、有效地进行学习的能力。学习能力是在学习活动中发展起来的,要让学生有必要的学、看、思、做、练等活动的时间,并根据学生的年龄特征,循序渐进地对学生进行自学训练、观察训练、思维训练、应用训练、动手操作训练。

主动预习法:这是变被动学习为主动学习的重要方法。具体环节是:复习—预习—寻找疑难—做预习笔记,即复习旧知识,初步感知新知识,找出疑难点,明确听课的重点。

主动听课法:带着问题听教师讲解,听、思、记结合,力求听清、听懂、听准。

主动阅读理解法:指导学生有序地读书,练、思、记相结合,读通、读懂、读熟。阅读步骤是:初读全文—精读重点词语、段落、概念、法则—理清文章思路,弄清知识的内在关系—练习批注,画出要点,掌握新知识。

主动观察法:运用多种教学手段,调动学生的眼、耳、鼻、舌等感觉器官,多方感知事物,并引导学生将观察、思考、记录、表述结合起来,努力提高观察的准确性、全面性、深刻性。

学、思、问、辩结合法:学习与思考有机结合,做到"认真读书,大胆提问,踊跃发言,热烈讨论,敢于争辩"。

口语表述优化法:引导学生声音洪亮、口齿清楚、语言通顺、思维清晰地进行口头表述。

迁移比较法:教会学生抓新旧知识的内在联系,将旧知识迁移到新知识,比较异同,归纳分类,找出规律,举一反三。

独立解题训练法:重点培养学生独立分析问题、解决问题的能力。具体要求是:认真审题,弄懂问题的要求和条件,仔细分析、弄清关系,寻求解题方法。

重点培养学生的动手能力:指导学生弄懂操作要领,勤练勤思,手脑并用,准确、熟练地操作。

自我评价法:要求学生在学习过程中进行自查、自评,做学习小结,提出改进措施,提高学习质量。

只有科学的学习方法,才能使学生掌握学习的主动权,尊重学习规律,提高学习效率,充分发挥主体能动作用,真正成为学习的主人。

二、重导、善导，正确发挥教师的主导作用

强调充分发挥学生作为学习主体的能动作用，绝非否定教师作为教学主体的主导作用，而是应更好地发挥教师的主导作用。正确发挥教师的主导作用，应在"重导""善导"上狠下功夫。

"重导"主要重视"导"的作用，"师者，传道授业解惑也"。毫无疑问，教——传道授业，为学生提供了丰富的精神食粮，这是教师的基本职能；导——启发指导学生的学习，发展学生摄取、消化、吸收精神食粮的动力与能力。德国教育家第斯多惠说得好：一个好的教师不应仅仅给学生奉送真理，而应教导学生寻求真理，不仅重教——传道授业，而且重导——启发指导学生学习，发展他们寻求学业新知的动力与能力。

"善导"就是善于诱导，导要得法，须在教导方法上狠下功夫。

了解学生的学习情况是"善导"的前提。教导要有的放矢，备课不仅备教材，更应备学生；不仅了解学生的学习效果，更应了解学生的学习动机、能力、方法、习惯；不仅要了解共同倾向，更要了解个体差异，使教导更有目的，更有针对性，避免盲目性。

采用多种教学手段，创设良好的教学情境，是"善导"的重要环节。教导应围绕教学目的，采取多种信息传递手段，如口头语言、书面语言、直观教学、多媒体教学及教师的体态、动作等，形成良好的育人氛围，使学生通过多种感官感受进入情境，接近学习目标，产生"引人入胜"的效果。

实行启发式引导，切实加强对学生学、看、思、议、练、做等活动的指导与训练，充分发挥学生作为学习主体的能动作用是"善导"的核心。只有强调学生的学习主动性、独立性、自觉性和科学性，才能发展学生的学习能力，充分发挥学生作为学习主体的能动作用。

当然，强调导，并非否定教与管，而是通过导来启发引导学生将教师教、管的目标转化为学生内在的心理需要，转化为学生学习的内在动力。

三、尊师爱生、教学相长，建立师生双方主动的教学动力机制

教学活动是教师教导与学生学习的共同活动，教师与学生双方都具有能动性，这是教学活动动力机制的根本特点，教学活动的动力是师生双方能动作用有机结合形成的合力。建立尊师爱生、教学相长的民主和谐师生关系，便成了充分发挥师生能动作用，优化教学动力机制的基础。尊师爱

生，这是民主和谐的师生关系的首要特点，教师要热爱学生，关心他们，爱护他们，满腔热情地教导他们，而不要厌弃、歧视他们，教师对学生尤其应该严格要求，但严须以爱为基础，严格要求应出自对学生健康成长的关怀和期望。严与爱相结合，严而不苛，爱而不纵，严之有度，爱之得法，相信学生，尊重学生，这是爱生应有的重要内容。相信他们的主观能动作用，尊重他们的权利，善于发现他们的闪光点，给予热情的鼓励，扶持、引导、调动他们的自尊心与自信心，不扼杀他们的积极性。作为学生，也应尊重教师，虚心接受教师的教导，严格遵守纪律，完成学习任务。

教学相长，这是民主和谐的师生关系的又一重要特点，"青出于蓝而胜于蓝"，学生未来会超过教师，这正是老师所期望的。老师应发扬教学民主，虚心听取学生的意见，积极改进教导工作。

只要尊师爱生，教学相长，并付诸行动，则民主和谐的师生关系就可形成。教师在此基础上又重导、善导，则师生双方的能动作用就能有效发挥，双方主动的动力机制就能建立，教学过程就能充满生机与活力，从而教学质量有效提高，使学生在德、智、体、美、劳各方面得到和谐发展。

〔发表于《赤峰学院学报》2004年第6期增刊〕

课堂教学是学校实施素质教育的主渠道

　　课堂教学是学校实施素质教育的主渠道。在实施素质教育的过程中，我们紧紧抓住课堂教学这个主要环节，提出了"教师为主导，学生为主体，训练为主线"的教改指导思想。"学生为主体"强调并确定了学生的主体地位，对调动学生的积极性、主动性和创造性有着极为重要的意义。教学面向全体，唤起学生的浓厚兴趣，让其主动探索求知。"教师为主导"要求教师精心设计教学活动，积极创设和谐的教学气氛，教学民主，因材施教。"训练为主线"要求打破旧课堂教学模式，改进教学方法，加强素质培养，把着眼点放在训练上，做到优化训练，讲练结合，形成主线。在"三主"思想指导下，优化课堂教学，以此来实施素质教育，大面积提高教学质量。

　　课堂教学与素质教育有怎样的联系呢？

　　1. 心理素质培养需要课堂教学。课堂教学的方法若能着眼于健康向上的心理素质的培养必然造就无限丰富多彩的个性。如：恰当的教学方法的选择和运用能贯彻启发性原则，充分调动学生的积极性；和谐融洽的课堂学习气氛能使学生愿学、爱学和主动学等。

　　2. 智能素质的培养需要课堂教学。人的知识才能是人的素质的一个重要方面。许多类型的课堂都体现了培养新型人才的全方位、多侧面、立体型和综合型的新观念。如：以讲练结合为主的实践型课堂教学结构，以自学为主的探索型课堂教学结构等。无论哪一种课型，对学生智能素质的培养都大有益处。

　　3. 思想道德素质培养需要课堂教学。我们的教育对象是学生，课堂要着眼于把人的素质提高到一个新水平、新境界。通过课堂教学使学生听出"道"，说出"德"，悟出"情"，懂得"理"，潜移默化地接受思想道德教育。

4. 劳动素质的培养需要课堂教学。课堂中可利用理论讲述劳动教育，也可以通过实践促进学生"心灵手巧"。如：通过拆一拆、合一合、摆一摆、折一折等操作实践，让学生的手、脑、口、目、足多种感官协同作用，劳动素质可以得到提高。

如何根据素质教育的要求，使课堂教学成为实施素质教育的主渠道，个人认为有如下策略：

一、"趣、实、活"相结合是实施素质教育的基础

1. "趣"——教师上课要有"趣"。学生主动参与是他们的自主行为，如果学生没有兴趣，"无动于衷"就不可能主动，参与就成了一句空话。根据学生的心理特点，上课有趣，才能使他们兴趣盎然，全面参与，更好地实施素质教育。

2. "实"——学生掌握知识要"实"。掌握好基础知识，练好基本功。加强"双基"训练是我国传统基础教育的精华，无论何时都不能丢。

3. "活"——课堂气氛要"活"。课堂上，教师要千方百计调动学生学习的积极性，激活学生思维。学生思维活跃程度是衡量学生是否主动参与的标志。

"趣、实、活"互相联系、相辅相成。有趣才能做到实在，才能激活思维；学生只有获取知识取得成功，才能对学习产生兴趣。上课做到"趣、实、活"是一个很高境界，必须把愉快教育同严格训练结合起来，把加强双基训练与发展思维结合起来。

二、各科教学相互渗透是实施课堂素质教育的保障

当前，课堂教学存在一种倾向：各科教学自我封闭，各种素质孤立发展。为此，我们要求全体教师更新观念，解放思想，树立一个大"渗透"意识，做到既"寓思想素质培养于各科教学中"，又"在相关教学活动中渗透心理、审美和劳技素质等教育"。具体要求有两点：

一是适时。在学科教学中，深入挖掘教材相关的内涵，不失时机地对学生进行素质教育。如：教学《大海的歌》一文，在反复进行朗读训练时，通过比较让学生理解本文由两篇清新活泼、充满情趣的小韵文组成，"大海睡了"，采用叙事表达形式，描绘大海的"静"之美；"海上的风"，采用复沓的表达形式，描绘大海的"动"之美。让学生明白这里作者借在海港里看到的繁荣景象和在大海中看到的繁忙景象，歌颂社会主义新貌这一中心后，马上向学生进行"改革开放政策好"的思想教育和引导。又通过看插图、看图片和看幻灯等，引导学生认真观察，体味其中的"繁荣"与"繁忙"之美，提高学生的鉴美水平。

二是适度。教学中，必须做到准确恰当，分量合适。如：为了进行矛盾的对立统一观点渗透，有的教师在教学"直线"与"线段"这部分内容时，通过演示和投影教学使学生初步形成直线、线段概念，再组织比对，明确直线可向两个方向延伸，线段长度是有限的；直线无法度量，而线段是可以度量的。这样一比较，就渗透了"无限"与"有限"之间的辩证关系，"有限"包含在"无限"之中，"无限"又从"有限"中得到发展。

总之，"大渗透"意识是一个全面的"大教育观"，它将德、智、体、美、劳有机地糅合在一起，以一种素质渗透多种素质，一种素质带动多种素质，也为课堂教学各种素质教育的实施提供了有效保障。

〔发表于2004年4月《敖汉教育督导报》和2005年4月《中国现代教育改革研究》第1版〕

"南风"随想

有则寓言：北风和南风比赛，看谁能把路人的大衣吹掉。于是，北风猛吹，行人为抵御寒风，不得不把大衣裹得更紧；而南风则不然，它微风吹拂，路人觉暖流融融，继而脱掉大衣。如此看来，北风和南风吹拂方式不同，效果也就迥然不同。此寓意也着实值得为师者在执教中深思与借鉴。

课堂上，教师若只顾"北风"劲吹，表情严肃，势必使学生为抵御"寒风"而将心灵大衣裹得更紧，不愿沟通交流，师生缺少合作，使教育陷入被动。所以，要摒弃"北风卷地百草折"的惨状，希冀"忽如一夜春风来"的美景。

课堂上，要提倡"南风式教学"，构建和谐的课堂氛围。比如：课堂上教师的表情，对学生的影响很大。有人说，鲜花是春天的微笑，浪花是大海的激情，而教师的微笑更能体现对学生理解、信任、期望和鞭策。微笑是心灵之桥，也是师生课堂互动的根基，合作的源泉。切忌"北风"劲吹，摆出一副我为人师，高高在上，不屑一顾的面孔；或横眉立目，动辄指责，难以接近等等。这势必影响师生心灵沟通和情感交流，阻塞教学之间的信息反馈，有效教学难以奏效。再比如：手势是教师的一项基本功，有传神、渲染和强化之功效。手势的妙用，能使师生相互尊重，关系融洽，合作愉快，质效较高。若"北风"劲吹，表情严厉，讲授枯燥，致使学生厌学、苦学和怕学，何谈提质？需特别提醒的是，教师上课使用的教鞭，它应作为一种传统教学工具使用，不应用偏。不能随便找一根"九曲十八弯"的木棍，课上东指西点，把学生弄得眼花缭乱，大雅尽失；更不要把教鞭当成"惊堂木"，一到课堂，稍有不快，就以教鞭击桌等。殊不知如此做法，有效期甚短，学生表面驯服，内心不悦，长此以往，师生关系疏远。

　　仅举几例，欲抛砖引玉，与同仁商榷。鄙人之见，课堂要提倡"南风教学"，要以人为本，讲究平等，追求合作，这样就一定会出现"千树万树梨花开"的美好愿景。

〔发表于2018年11月21日《赤峰教育报》〕

"小"竖笛 "大"舞台

—— 观摩音乐课有感

2010年10月，敖汉旗教研室组织开展了课堂教学技艺大比拼活动，我有幸观摩了一堂小学音乐课，这节课，音乐教师竟然把人们看不起眼的小乐器——"竖笛"的作用发挥得淋漓尽致，实在是妙里生花。

时代在发展，社会在进步，传统的音乐课简单地教一首歌，一些乐理知识，根本满足不了当今学生求知的欲望，况且这些单调的知识，学生觉得枯燥，没有兴趣。乐器走进课堂，走近学生，能够给学生注入新的活力、新的兴趣。农村学校条件简陋，经费紧张，对于一些"高大上"的乐器，只能望尘莫及，而竖笛这个乐器特别适合农村中小学课堂教学，因为竖笛对于学生来说，易学且价钱便宜，携带方便。学生在短时间内就能够掌握竖笛的指法要领及吹奏方法，学生在竖笛学习的过程中容易找到自信，从而喜欢音乐课。

在音乐课堂教学中，竖笛吹奏能与视唱、唱歌、创作和欣赏等教学有机结合起来，会有效地提高整个音乐课堂的教学效果。

一、竖笛吹奏有利于视唱教学

音唱不准是学生识谱中存在的重要问题。竖笛有固定音高，音准反应在听觉、指法上，有鲜明的直观性。学生在吹奏中听到了音高，会自然而然地产生音准感。因此，竖笛吹奏对视唱练习很有帮助，对把握不准的音高，可借助于竖笛，吹一吹，奏一奏，让竖笛帮助找到准确的音高。

二、竖笛吹奏有利于唱歌教学

小学生的嗓子娇嫩，过多地练习唱歌，易使嗓子处于疲劳状态。此时，如果用竖笛练习吹奏，既能减轻学生的声带负担，保护了嗓子，又能调节课堂气氛。学生既学会了所学的歌曲，又能够把这首歌曲的旋律吹奏下来，大大提高了学生学习音乐的兴趣，同时还有一定的成就感。

三、竖笛吹奏有利于创作教学

在指导学生进行旋律创作时,学生可能对创作的旋律不能准确视唱,同时,又无法判断是否流畅、通顺。此时,可用竖笛将创作的旋律试奏,这样就能判断旋律创作是否正确、好听。比如:老师让学生把创作的旋律写在黑板上,引导学生视唱,唱不准时用竖笛吹一吹,感受旋律进行是否通顺。或者让同桌两人互相检查,听一听各自创作的旋律是否通顺,是否流畅,并提出修改意见。这样,更能够提高学生的创作能力和演奏能力。

四、竖笛吹奏有利于欣赏教学

在进行欣赏教学时,单一地欣赏作品容易使学生产生单调、枯燥的感觉,影响了学生欣赏的兴趣和对音乐作品的理解。将竖笛吹奏运用到欣赏教学中,使学生参与实践活动,适合学生活泼好动、善于模仿的特点,能使学生积极参与欣赏活动。学生吹一吹,听一听,在愉悦的欣赏活动中,全身心地体验、感受和理解音乐,其乐无穷。

总之,在农村中小学音乐教学中,竖笛吹奏能丰富每堂课的教学内容,取得多重教学效果,要使普通的小竖笛走近每一位学生,做到"人人会吹竖笛,生生演奏乐器",让小小竖笛走上音乐课堂这个大舞台。

〔2010年10月发表于敖汉教育网〕

初中职普分流浅析

职普分流是指学校教育系统根据社会的需要与学生个人的意愿及现有条件,引导青少年学生有计划、分层次、按比例地分配到不同的渠道,让其分别接受不同类型、不同层次的教育,以培养社会发展所需要的各级各类人才的活动。

分流教育应是提高国民素质和技术含量的一条"绿色通道",但为什么步履艰难呢?

一、原因剖析

(一) 社会不认可

1. 认识不到位。多年的应试教育,片面追求升学率,牢牢禁锢住了人们的思想,认为只有升入重点高中,考入重点大学才是孩子的唯一出路,只有"跳龙门"、端上"铁饭碗"家长脸上才有光。反之,家长认为孩子到分流班、职业院校就读就是丢人现眼、颜面尽失,于是,造成了职业学校"庙大僧少"的尴尬局面,有效资源白白浪费。

2. 方向不明确。有些家长不愿让孩子就读职业学校,认为混个初中毕业文凭已足矣。更有甚者认为,孩子上分流班、职业学校根本学不到什么东西,反而会学坏,花钱打了水漂,不如早去打工,早挣钱,娶妻抱子,成家立业,这才值!

3. 内心不信任。有些农村老百姓由于知识层次所限,认知水平不高,加之社会一些不良现象屡屡出现,于是对职业学校的包分配、签合同持怀疑态度,认为上职校学一技之长还不如在社会上边学边挣钱,一举两得,追求眼前利益。

(二) 机制不健全

1. 初中分流缺乏评价机制。一些学校受读书升学热的严重影响,步入了片面追求升学率单一化办学误区,教师眼睛只盯准几个尖子生,偏离了学校因材施教、全面发展的教育初衷,背离了培养新型建设者的宗旨。这一现象的形成,究其原因就是分流教育缺乏评价机制与保障制度。

2.专业课程设置缺乏针对性。学生所学专业内容不符合当地实际,对学生及家长缺少吸引力。同时,缺乏规范实用的专业教材,教师上课似老虎吃天,无从下口。

3.分流学校缺乏专业教师。分流班的教师"赶鸭子上架",被动应付,具有一定实践经验的指导教师明显不足,基础学科教师与职教学科教师比例严重失衡。

二、解决策略

(一)加大宣传,营造舆论氛围

通过宣传取得广大学生、家长和社会对职业教育的理解和支持,达到学生乐意、家长愿意和社会满意的效果,在社会上形成一定的大气候。

1.做好家访。要采取做家访、张贴标语、发放传单等多种形式宣传职业教育,让职业教育深入人心,惠及各地。

2.开好"三会"。抓住时机开好全体教师会、学生座谈会和毕业生家长见面会,选取实例,正面讲解,相互沟通,面对面交流。

3.开展活动。学校要定期召开学生座谈会、演讲赛、专题讲座,对分流学生进行品德教育、成才观教育,让其对自己正确定位,消除自卑感。平时也要经常举行一些文体活动、技能大赛等,让分流学生充分展示自己的才华,张扬个性,战胜自我,完善自我。

(二)政府统筹,加大投入

加强政府的领导与统筹工作,建立有效调控机制,是搞好初中教育分流的根本保证。

1.各级政府要从战略高度重视农村的职业教育,加大教育投入,努力改善办学条件,营造人人重视职教的氛围。

2.上级教育行政部门重视职教工作,制定分流实施方案,召开专题会议,布置任务,明确责任,并经常深入一线现场办公指导工作。同时,将职教工作纳入教学发展的整体规划,写入责任状,层层签订,时时督导,项项评估,兑现奖惩。

3. 要使分流学生进得来、留得住，学得好、用得上，必须改革教学内容，力求做到"不求学生人人升学，但愿学生个个成才"。

（三）加强沟通，相互交流

1. 家校沟通。有些家长认为，孩子一到学校，以后的事就一切由学校负责了，对孩子的学习情况不闻不问。当孩子对中考失去信心时，一片茫然，并做出了让孩子辍学回家的错误决定。我们应及时与家长联系，告知孩子的学习情况，让家长心中有数，早做准备，让孩子走一条适合自己发展的职教之路，实现人生价值。

2. 校校沟通。职业学校要多与初中学校沟通交流，加大宣传力度，把学校办学优势、学生"进出口"的问题和办学特色展示给初中学校分流的学生，使他们全面了解职业学校，为就读职业学校奠定基础。

（四）强化管理，确保质量

1. 加强学生理想教育。在市场经济大潮下，社会需要大量技能型人才，教育学生树立远大理想，走一条适合自己的人生道路。"每一朵花，都有绽放的时候"，让每个学生与成功有约。

2. 加强学生品德教育。教育是培养人的工程，品德教育是唤醒新生命、享受新生命和成就新生命的过程。我们要承认人的差别，区别对待每个学生，尤其要多关注就读职业学校的学生。要让鲜花和小草都享有阳光，让所有"金子"都发光，教育要为每个学生的幸福人生奠基。

3. 加强教师队伍建设。实践证明，搞分流教育，离不开过硬的师资队伍，因此，学校要选用教学基本功过硬、业务能力强和有一定教学经验的人员任文化课教师；精选责任心强、有较强管理能力的教师任班主任；挑选有较强理论水平和实践能力人员任专业课教师，让学生学有所趣，学有所成。

4. 开展特色活动。积极开展形式多样的活动，为学生搭建表演舞台，充分展示自己的才华，品味健康、有趣、快乐的人生。

5. 开展奖学和助学活动。每学期都在分流学生中开展奖学和助学活动，免除部分特困生住宿费、伙食费等，为其提供生活补贴。同时，每学期都举行"我为他人献爱心"捐资助学活动，为困难家庭学生减轻经济负担，帮其完成学业。

三、分流效果

1. 有益于实施素质教育。分流教育不会埋没人才，它适应学生的个性特点，挖掘学生的潜能，发挥其个性特长，实现人的全面发展，为有志学子开辟一条成功之路。

2. 有益于"控流防辍"工作。初中分流是普及高中阶段教育的需要，是顺利完成九年义务教育、遏制初中生辍学的有效手段，是全面实行普教、职教、成教相互沟通、相互融合、资源共享和优势互补的得力举措。

3. 有益于教育教学质量的提高。职普分流分层教学，不但使优等生吃得饱、吃得好，而且还让分流班的学生掌握了一技之长，学到了技术，从而升学就业两不误，职普协调双丰收。

4. 有益于新农村建设。就读职业学校，费用低，成长快，给农民减轻了一定的经济负担。同时，减少了盲目外出打工，保证了毕业生有序流动，对经济发展起到了一定的促进作用。

〔发表于《内蒙古教育》2013年第8期〕

教学需要追求一个"活"字

"成功教师之所以成功,是因为把课教活了,如果说一种教学方法是一把钥匙,在各种教学方法上还有一把总钥匙,它的名字叫'活'。"(吕叔湘语)这就道出了"活教"在课堂教学中的重要性。

所谓"活教",简而言之就是实事求是,寻机诱导,引发转化,把课上活,注重实效,提高课堂教学效果。

把课上活,就是让课堂生气勃勃,过程波澜起伏,学生积极主动,活学活用,学生真正成为知识形成的"参与者"和"发现者"。

那么如何实施"活教"呢?

首先,要面向生活,联系实际,把教材内容"理活",把学生学习动机"激活"。教师要联系现实生活,联系学生知识实际,将教材知识加以组织梳理,形成系统,与学生生活交融,与学生知识接轨,进入学生"最近发展区"。这样就能激发学生求知欲,激活学生学习动机。

其次,要把握关键,抓住契机,把学习过程"引活",把学习方法"启活"。教师要巧设问题,让学生主动形成疑问,轻轻点拨,激发学生的智慧火花,让学生积极参与,自我求索,耳听眼看,动脑动手,热烈讨论,生动活泼地分析问题,解决问题。问题解决了,知识暂时掌握了,教师要及时有针对性地设计练习,开展相应课内外活动,让学生运用知识解决生活中的实际问题,促进方法迁移。在整个过程中,教师要引而不发,重在授法,让学生独立思考,主动探索,自觉实践。"教师要做好拐杖,而不能去当轮椅。"

再次,要及时反馈,恰当评议,把学习效果"评活",把存在问题"点活"。可采用学生自评、互评,师生共评和小组评等方式,及时提供反馈信息。评价效果,重在肯定取得效果的方法、态度,让学生享受成功的喜悦,树立自信心。

　　总之，在教学上，教师必须学会"活教"，只有这样学生才能活学乐学，也才能取得教学最佳效果。

〔2014年4月发表于敖汉教育网〕

文言文阅读技巧与方法

初中文言文是学生学习中的难点,教师在教学中存在着不是过于死抠字词句而显得呆板,缺少生机,就是流于形式而显得浮夸,掌握不扎实,学生在学习中对于这些"之乎者也"的文字兴趣不高,甚至感到头痛。这样,文言文的阅读和理解常常以死记硬背的方式来应付考试的需求。《语文新课程标准》规定:"评价学生阅读古代诗词和浅显文言文,重点考查学生记诵积累的过程,考查他们能否凭借注释和工具书理解诗文大意,而不应考查学生对语法、句法等知识的掌握程度。"这基本摒弃了"陈""俗""碎"的内容,因此学习文言文一定要抓住文本重点,掌握学习技巧。

一、文言文考查的主要题型

1.带点词注释。考查内容以文言实词为主,涉及古今异义词、通假词、词类活用、一词多义和词的感情变化等。

2.文言句子翻译。从句式看,考查的句子主要包括一般陈述句、简单省略句、使动句、意动句、倒装句和被动句等;从内容看,这些句子在文中往往处于比较特殊的位置,在翻译这些句子时,一般要求以直译为主,意译为辅,并要求做到准确、流畅和优美等。

3.阅读理解。主要通过简答题的形式来表达目标,内容包括对课文整体的把握、对语段内容的理解、对文段内涵的分析和对人物思想情感的评价剖析等。

二、文言文阅读技巧与方法

文言文阅读要掌握方法和技巧,要做到整体阅读,把握大意;全文阅读,掌握细节;精准阅读,理解内涵。

(一)有效阅读文本

"书读百遍,其义自见。"通过不同方式的阅读,由易到难,由整体到局部，由现象到本质把握文本，领悟主旨，从中获得启示。

1. 通读全文，整体感知。拿到一篇课外文言文，先进行整体速读，感知全文内容。首先，快速浏览文段题目。课外文言文阅读试题有个特点：有的题目选项给出了文中某些关键字词的意思，有的题目提示了文言文的主要内容。其次，分析标题了解内容。一般而言，课外文言文阅读文段都会给出标题，大多数标题本身就概括了文言文的主要内容，如"楚人学舟"文段，标题就概括了文段的主要内容。再次，结合注释速读全文。课外文言文阅读文段，一些难懂的文言字词一般都给出注释，对个别疑难词句的意思理解，我们要联系上下文认真推敲，仔细理解，猜想句意。最后，因题制宜，解答问题。课外文言文阅读问题设计通常有三种类型，即词语解答题、句子翻译题和内容理解题，对不同问题可采取不同解答方法。对于词语解答题，这类题目多数是考查文言实词中的一词多义现象，解题时应先套用我们学习过的文言实词的意思，再联系上下文检验，经验证意思通顺，则写出正确答案。对于句子翻译题，翻译句子要注重关键词的意思，应在直译基础上意译。比如：唐代柳宗元的《黔之驴》一文中"驴不胜怒，蹄之"这句话，一定要注重"蹄"的意思，它不是名词"蹄子"，而是用做动词"用蹄子踢"的意思。对于内容理解题，一般来说，作者通过短小的文言语段，记叙一件事，表达一个中心或一种哲理，我们了解全文后，还要进一步思考作者蕴藏在文章里的写作意图。

2. 精读语句，正确停顿。面对一篇陌生的文言文，我们可采用自读、范读、评读、选读、轮读、默读和齐读等多种方式进行朗读，理解句子内部的层次和关系，从而深入了解文本大意。

3. 品读细节，把握人物。课外文言文一般以故事取胜，我们了解文言文主要情节内容后，要进一步体会文章的主旨，自然离不开人物，而把握人物形象要关注人物描写，尤其一些细节描写往往能传达出人物的本质和用心。比如：揣摩人物语言的语气，关注神态的变化，注意动作的指向等，从而明白作者描写人物的真正意图。

（二）勾画圈点文本

前面提到阅读要整体把握，这是针对短文的大致意思，而要准确理解人物形象和文章主旨，局部和细节也是不能忽视的，甚至看似一些平淡的叙述性语句也不能放过,否则会出现理解的偏差。基于此,要做好圈画文本工作,使阅读获得事半功倍的效果。

1.关注人物,圈画言行。课外文言文刻画人物并不多,关系也简单,但由于是文言文,存在着理解的困难;同时,文本虽短,寓意却深,主旨的揭示往往比较含蓄。因此,在多读的基础上,要注意理解人物的关系,分清主次人物,并针对主要人物的言行举止进行适当的圈画,促进有效掌握文本中心内涵。

2.关注注释,圈画适当。课外文言文一般会给以下几类注释:人名注释,地名介绍,时间提示,疑难字词句解释等,通过这些帮助学生疏通文意,理解主旨;但学生往往在阅读中迅速浏览,一扫而过,对语句理解不清,涉及问题了,再返回重新参照注释,这样费时费力,与其这样,不如及早圈画,为疏通文意,理清人物关系做好准备。

3.关注议论,圈画中心。有些短文在故事情节结束后会出现一些议论性语句,有反问的,有感叹的,有评论语气的等,圈画这样的语句,可以帮助学生感悟文章中心和作者写作意图。

文言文是中国传统文化的重要载体,也是中国地方文化的根脉所在。所以,面对文言文阅读考查问题,教师一定要培养学生阅读的技巧和方法,让学生领悟中华民族传统文化的博大精深,从而真正激发起民族自豪感和把文化薪火衍递到底的责任感。

〔2014年4月发表于敖汉教育网〕

校本教研 "八忌"

时下，全旗上下校本教研活动开展得有声有色，如火如荼，以校为本的教研活动正深入人心，也促进了师生共同进步，教育全面发展，但校本教研活动切莫 "雾里看花" "水中望月"。为此，在活动中莫忘 "八忌"。

一忌生搬硬套。课堂上机械模仿他人，不论什么课什么科，盲从效仿，牵强附会，结果画虎不成反类犬，实有邯郸学步、东施效颦之嫌。学人忘己，学新忘旧，可悲可叹。

二忌夜郎自大。虚心不够，用自己之长去比拼他人之短，自高自大，你不如我，不屑一顾，结果两手空空，一事无成。虚心使人进步，骄傲使人落后，切莫忘记。

三忌有经不念。外出学习和开展活动，学校舍得花钱，想法很好，也取得了一些真经，但不抓落实，不把学别人与学自己有机结合，结果毫无意义。学有所获，学以致用，才不枉外出取经一回。

四忌舍近求远。身边放着现成的校本教研经验不学，非得 "南征北战" 外出学习，似乎 "西天" 才有真经，劳民伤财，收效甚微。尺有所短，寸有所长，孔子曰："三人行，必有我师焉。"

五忌灰心丧气。教育不公平是不争的事实，当看到自己办学条件、教学水平与兄弟地区相比差距较大，不去努力改变现状，而是一筹莫展，得过且过，不思进取，染上了 "心病"。要面对现实，找准切入点，走出自己办学之路。

六忌好高骛远。不立足现实，查缺补漏，而是急功近利，这山望那山高，大事做不来，小事又不做。校本教研要从自身做起，从基础做起，一步一个脚印，才能有所收获。

七忌表里不一。听说有人来听课，开展教研活动，事先做准备打包装，对学生千叮咛万嘱咐，唯恐出差错，课堂表面活跃，实则弊端不少，中看不中用。做学问力求实效，切不可赶时髦、凑热闹。

八忌行动迟缓。人家一日千里，天天都有新意，而你光吃老本，日出而作，日落而息，一日三餐照旧，结果越落越远，终被淘汰。不怕慢就怕站，锯响就有末，有付出就有回报。

总之，校本教研活动只有因校制宜，立足现实，完善措施，抓好落实，才能结出果实。

〔2018年10月发表于《赤峰教育报》〕

职教发展在路上

百年大计人为先，　　　学校上下齐动员，
素质教育走在前。　　　办学思路想周全。
职普两腿齐走路，　　　服务师生谋发展，
长短不一路蹒跚。　　　校企一体工学联。

市场经济大发展，　　　职教发展扬风帆，
教育焉能原地站。　　　遵循市场来支援。
普教发展很给力，　　　招生就业是根本，
职教别误乱泥潭。　　　质量上乘最为全。

职业教育勿走偏，　　　依照市场为指南，
观念转变一时难。　　　服务"三农"利民赞。
学校发展少"三制"，　　　培养新型技能者，
保障体系要跟全。　　　区域发展无限宽。

校企对接不完善，　　　和谐包容天地间，
专业设置太简单。　　　管理团队最关键。
人才培养缺创新，　　　以生为本是核心，
用人吸引实在难。　　　依法治校美名传！

〔发表于《赤峰教育报》2016年第650期〕

注："三制"即制度、机制、体制，"三农"即农村、农业、农民。

浅析记叙文阅读方法

记叙文阅读一直是初中生学习语文的一大难点,而记叙文阅读题目也是中考的必考题型,且所占分值也较大。因此,笔者现就记叙文阅读技巧与大家商榷。

做好记叙文阅读,应把握好以下几个方面:

1. 阅读全文,整体感知。阅读记叙文,首先要整体感知文章的大概内容。这里所说的"整体感知"就是通过初步阅读,对文章的基本内容和面貌有个大致了解,要做到"字不离词,词不离句,句不离段,段不离篇",从而达到"整体感知"的效果。整体阅读全文,了解文章大意,做到心中有数,在阅读时圈画出自己认为重点的词语句子。比如:首先了解文章中大致内容,什么人?什么事?什么景?什么物?什么话题?怎么写?为什么这样写?还要了解文章大致结构,主要是思路,如记叙的人物、事情、时间、地点等要素。

2. 审清题意,抓住重点。对文章整体把握后,我们继续深读,对重点词语和关键句段的内涵仔细揣摩,理清作者思路和主要内容,领会文章的出处和主旨,从而体会作者对生活、人性、世事的感悟和态度,整体感知文章的主旨及作者的观点,这也是我们答题的思想,在做题过程中有着重要的指导意义。比如:学习朱自清的《背影》中一文段:"走到那边月台,需穿过铁道,需跳下去又爬上去。父亲是一个胖子,走过去自然要费事些。我本来要去的,他不肯,只好让他去。我看见他戴黑布小帽,穿着黑布大马褂,深青布棉袍,蹒跚走到铁道边,慢慢探身下去,尚不大难。可是他穿过铁道,要爬过那边月台,就不容易了。他用两手攀着上面,两脚再向上缩;他肥胖的身子向右微倾,显出努力的样子……"有些学生理解为"爸爸为儿子买橘子",这样就没能抓住关键词语和主要内容,从而准确把握人物行为特征,而本文感人之处就在于父亲爬上那边月台上,重点抓住"爬"字,因此应概括为"父亲拖着肥胖的身体,努力地爬上月台,为儿子买橘子",这是送别的场面,采用白描手法,用特写镜头表现父亲爱儿子的深厚感情。这样,抓住了关键词语和重点句子,就能准确地把握作者的写作意图。

3. 联系上下,理解内涵。理解文章内涵是多角度的,有时抓住关键词语和重点段落,来揣摩作者的写作意图;有时文章的主旨既含蓄又隐讳,只能通过全面理解作者的意境达到目的;有时还得联系上下文内容,注重全面考虑,同时要抓住关键,逐渐缩小范围,去捕捉作者所表达的内涵。例如:鲁迅的《阿长与山海经》一文中"我似乎遇着一个霹雳,全体都震悚起来,赶紧去接过去,打开纸包,是四本小小的书,略略一翻,人面的兽,九头的蛇,……果然都在其内"的"震悚",它的本意是"因恐惧而颤抖",但联系上下文理解它的内涵,有"震惊"之意,进而表现了"我"被深深感动的情感,从而说明阿长的热心对"我"的成长意义重大。因此,特定的词语放在特殊的环境下就表达出不同的意境。

4. 认真阅读,做好提炼。仔细阅读文本,抓住文章的中心意思,从而有效地梳理文章的脉络。有的文章中心意思分散在全文各部分之中,需通过归纳各段的意思来提炼。在记叙文中,文章中心又是比较含蓄的,往往隐藏在人物或事件背后,要在把握全文的基础上深入挖掘,而有些文学作品往往更是意在其外,必须深入进去,否则隔空观望就不能很好地把握其丰富内涵。例如:鲁迅的《社戏》一文,全文并未点明中心,只在最后一段文字中说道:"真的,一直到现在,我实在再没有吃到那夜似的好豆,——也不再看到那夜似的好戏了。"如果理解只停留在表面,同学们会误以为本文主旨只是为了告诉读者"我"怀念的是好戏和好豆,而实际这样理解是很肤浅的,细究下文会发现并非如此。

5. 筛选信息,洞察技巧。学会筛选文章的信息,寻找作者描写的视角,体会作者的构思技巧。新鲜的事物都很吸引人,文章尤如此。在阅读时,我们就会发现,作者很善于观察生活、感受生活,捕捉生活中的"闪光点",人所未见,人所未发,这就是独特视角。比如:端午节可写的风俗很多,但沈从文的《端午日》一文写道:"端午日,当地妇女、小孩子,莫不穿了新衣,额角上用雄黄蘸酒画了个王字。任何人家到了这天必可以吃鱼吃肉。"这段简短文字中,既没写吃棕子,也没写插艾草,只用短短的两句就草草交代穿了新衣服、画了个王字、吃鱼吃肉这三种风俗,作者凭借对湘西端午民风的细致观察和深切感受,着重描写龙舟竞渡和赶鸭子的欢乐场面,展现了茶峒人同庆端午的淳朴民风,表现了他们奋发向上、合作争先的民族精神,这些民风民俗的发现都是作者慧眼独具的体现。

因此,在记叙文阅读中,一定要认真阅读文本,弄清记叙顺序,仔细阅读提炼,抓住关键词句,揣摩作者观点,从而准确把握文本意旨,用心捕捉作者的写作思路。

〔2014年6月发表于敖汉教育网〕

浅谈几何画板在数学教学中的应用

数学是研究现实世界空间形式和数量关系的一门系统性、逻辑性及相关性较强的学科。传统的数学教学是以教师为中心,他们凭借一支粉笔、一把尺子横扫天下,学生只能被动接受,主动性丧失,综合能力被扼杀。而新的课程标准要求教师应该帮助学生在自主探究和合作交流中真正理解掌握基本数学知识与技能,其中,几何画板作为数学教学的有效工具应占有一席之地,它作图准确,色彩鲜明,动感十足,可使课堂教学高潮迭起,妙趣横生,为课堂高效而助力。那么如何应用几何画板呢?

一、转变思想,提高认识

在新课程改革不断深化的大背景下,初中数学教学如何培养学生的创新思维和实践能力,是一线教师面临的重大问题。特别是信息时代的今天,计算机的操作和使用尤为重要,而几何画板这个数学工具软件的使用也越来越引起人们的重视,也正在数学教学中发挥其所不可替代的作用。"几何画板"是windows环境下的一个动态的工具软件,它提供了数学上的画点、画线、画圆工具,具有旋转、平移、缩放和反射等图形变换功能。它动态地保持给定的几何关系,便于学生自行动手在变化图形中发现其恒定不变的几何规律,培养了学生的创新意识和实践能力,几何画板的有效使用,为数学课堂教学营造一种动态、开放和新型的自然环境。

二、形象直观,提高效率

我国著名数学家华罗庚曾说:"数缺形少直观,形缺数难入微。""数形结合"一直是数学的一个重要思维方法,特别是面对其运用最广泛的函数时更显得尤为重要。函数教学是初中数学的重点也是难点,这部分内容理论性强,比较抽象,学生学起来难度较大。例如:学习一次函数 $y=kx+b$ ($k \neq 0$),要了解函数图像随着 k、b 的值变化而变化的情况是有难度的,传统的教学是通过"描点法"画出多个不同的一次函数图像,再进行观察比较,精度不高,速度也慢,课堂上把主要时间和精力都放在计算和作图上了,无暇顾及对函数性质的研究,整个过程不直观,重点不突出,学生一知半解,兴趣不浓。如果利用几何画板,画出一次函数$y=kx+b$($k\neq0$)的图像,并把k和b设置为动态参数,k和b在这里实际分别是点A和点B的纵坐标,只要拖动点A和点B就能改变k和b的值,$y=kx+b$的图像也同时随之发生变化,通过观察函数图像的动态变化,学生很容易得出参数k和b对函数图像的影响,整个过程直观形象,图文并茂,印象深刻。同样,只要拖挪动点P,点P上的坐标通过几何画板度量功能自动显示出来,学生易接受,函数y随着自变量x的变化而增大或减少,同时学生也学会了用运动变化的观点看问题。特别是对同类型的函数图像,在同一坐标系中进行,尤其是函数较多的时候,由于粉笔和黑板面积的局限性,往往绘制的图像不够清晰,一些关键点容易重叠在一起无法识别。而应用几何图板,只要输入函数解析式,马上就可获得函数的准确图像,时间短,效率高,进而达到事半功倍的效果。把学生从被动学习中解脱出来,主动思考数学问题,真正体现了新课标的思想。另外,几何画板提供了四种变换工具,即平移、旋转、缩放和反射变换等,以点、线、图为基本元素,通过它们的变换、构造、测算、计算、动画和跟踪轨迹等,建构出较为复杂的图形,把抽象的几何图形"形象化""动态化"。几何画板还设置了"显示""隐藏""动画""移动"等功能按钮,可以制作动态的文本图形,使抽象的空间图形知识变得生动形象,从而更容易让学生理解和接受。

三、实践应用,举一反三

在探索"中点四边形"的数学活动中,利用几何画板任意画一个四边形$ABCD$,分别取各边中点,形成一个四边形$EFGH$,分别让几何画板测出原四边形和中点四边形的所有边、角、对角线的值,以便于研究四边形$EFGH$形状与原四边形的关系。

首先,拖动四边形$ABCD$的顶点C,让学生仔细观察,学生会很快发现四边形$EFGH$始终是平行四边形。提出问题:为什么?你能证明你的结论吗?课上立即活跃起来,意见不一,各抒己见。其次,继续拖动四边形$ABCD$顶点C,当拖到$AC=BD$时,询问学生这是什么四边形,学生根据已知的数据,马上答出是矩形。接着提问:你的根据是什么? 现在四边形*ABCD*有什么特别的吗? 并让学生说出已知条件和结论,口头证明。用同类方法还能得出菱形、正方形等,最后总结得出一般四边形的中点四边形是平行四边形,当四边形的对角线相等时,中点四边形是矩形;当四边形对角线垂直时,中点四边形是正方形。通过逼真的演示,学生很快明白中点四边形与原四边形对角线是否互相平分无关,只与原四边形的对角线位置和数量关系有关。

　　总之,只要我们熟练掌握几何画板功能,勤于实践,并把它与数学教学有机整合,就能使其在数学教学中发挥应有的作用,从而激活学生思维,激发学生学习兴趣,培养学生分析问题和解决问题的能力。

〔发表于《赤峰教育》2017年5月第689期〕

精心设计习题　提高教学质量

习题是影响教学质量的核心因素，因此，选好课堂教学的例题，抓好课后练习的习题，编好质量检测的试题，提升教师的讲题能力，提高教师的命题技能是学校管理和教育科研的着力点，也是教师专业发展的切入点。为此，要认真研读课标，精心分析教材，找准每节知识点，了解习题难易状况，研究习题内在规律，精心设计习题，做到一题多得，确保题题有收获。

一、习题选设要精准

在课堂教学中，人们往往关注的是教学目标、教学环节、教学方法和教学评价等的呈现，而对习题的设计却忽视了，这是大错而特错的。因为课堂练习是课堂教学的重要方面，对教学效果会产生直接影响，它不仅是巩固与检查课堂教学效果的重要手段，更是知识转化为技能、激发学生学习兴趣、培养学生思维品质的重要途径。

1. 精准选择习题。教材是母本，精选习题必须在它基础之上进行拓展和延伸，为此，精选一些和教材紧密联系的习题展开分析和探讨，以提高学生运用所学知识分析和解决较为复杂的具有灵活性和综合性问题的能力。一节习题课效果的好坏在很大程度上取决于教者对习题的选择。在选题上，教师首先要根据教学情况确定选题依据，对各知识点的要求做到心中有数，从而避免选择偏题、难题和怪题。其次，教师在选题时一定要对学生的实际情况有深刻了解和认识，知道学生对知识点哪里掌握得不足，从而进行有针对性的训练和培养。再次，习题设计要有价值，选题要有坡度，但不要坡度过大，要分析知识特征，根据内在逻辑，在编排习题时循序渐进，由浅入深，由简单到复杂，逐渐深化。比如：可以是同一个知识点的深化，也可以是一个知识点与不同知识在不同背景下的组合，要通过知识的纵向延伸、横向发展、系统扩充来发挥习题的补偿与提高作用,大幅度地提高习题课的效率和质量。其四,选题要做到新颖灵活,鼓励学生打破常规,努力创新,使学生在多思多变中提高思维的灵活性和创新性。其五,做好中考习题的收集和整理。把几年来多个地区的中考习题横纵向做比对,分析难易度,找准知识点,研究好考点,寻求解答技巧。最后,提倡教师做样板题。教师要正规、系统地按中考要求与学生一起来做,为学生做榜样。

2. 精准编设习题。①要有开放性。根据知识内在体系,多角度建立习题。比如:教师有目的地设计一些一题多解、一题多变和一题多用的习题,培养学生全方位、多层次探究习题能力,涉及一些开放性习题,通过寻求习题的结论或规律来发展求异思维,培养学生创新精神。②要有兴趣性。为避免学生上课昏昏欲睡的局面,可采取变换角度设问,或联系生活中的实例讲解;也可讲评一些易错题或难点儿的题目,展示学生错题过程,让学生参与讨论,找出错误原因,加深对问题的理解;还可以注重营造轻松气氛,鼓励学生提出自己的疑问等。

3. 精准整合习题。习题是影响教学质量的核心,要注重以例题为核心,促进教师深度理解教材,完善知识结构,整合习题资源。一堂课往往要安排几个知识点,或在一章内容之后应有多个知识点,因为知识点较多较散,所以必须进行归类整合,让学生对已学知识进行再认识、再梳理,从而对所学知识融会贯通,运用自如。另外,教师可通过平时的作业批改和辅导了解学生还有哪些知识掌握不准,在习题课时,回顾这些知识的形成过程,通过变式设问等来加深对知识的理解,使学生思维由浅入深,有利于培养学生的准确概括能力。

4. 精准巩固练习。一节习题课的结束不能代表任务全部完成,学生对知识掌握如何,应得到及时反馈。在学生巩固练习中,特别要注重典型性和关键性习题,不要认为老师已讲过了,学生做过了一切就过关了,必须有针对性地安排一定程度的"重现性"作业,应提倡好题做三遍,才能保证学生获得牢固的知识和熟练掌握答题技能。但是,一定注意重现并不代表机械地重复,简单相加,而是课前经过精心设计,具有目标性的。同时,习题的练习要体现一定的开放性,要让学生有自我发挥的余地,引导鼓励学生提出问题,寻找合作研究性作业,只有这样才能达到优质高效。

5. 精准指导思路。教师要注意在新旧知识衔接的地方精心设计思考性习题,启发学生通过自己积极思考找出答案。比如:俗话说,解数学题,会了不难,难了不会,这是学生对数学学习的普遍感受。这里的"会"与"难",指的是思路的"通畅"与"阻滞"。习题课中,对一些"难"题,首先在解题思路的畅通上进行点拨,然后让学生进行自主解答设计方面的训练,学生疏通了思路,问题就迎刃而解,自然喜形于色,进而付诸行动,有的学生还用笔记下思路的关键环节。

二、习题讲评要用心

讲评习题是教师对学生已学知识的矫正、巩固、充实、完善和深化的过程,是知识的再整理、再综合和再运用的过程,是师生共同探讨解题方法、寻找解题规律和提高解题能力的有效途径。要注重习题讲评效率,全力提升质量。

1. 讲评前认真批改习题,做到有的放矢。①习题全部批改后讲评。对习题全部批改后,教师对学生做题情况全部了解,因此评价时就能做到心中有数,抓住重点。对学生出错较多的习题进行重点及时讲解,分析错误原因,做到查缺补漏,可防止学生"知识问题"的积累。②习题部分批改后讲评。有时因工作繁多,未能全部批改,这就要根据实际情况选择好、中、差三类学生的习题抽样评改,做到分类讲解和个别辅导相结合,使学困生吃得了、临界生吃得好和优等生吃得饱,人人都有所进步。③习题讲评时要让学生做好圈画。教师讲解习题时,尤其是讲解卷子时,要让学生用红笔在题旁重做或做重要标记,以便再复习用。在平时做题时,无论教师还是学生,一定要保有做题痕迹,分类整理解题技巧。

2. 讲评过程要灵活掌握,收到最佳效果。教师在讲评习题时要针对不同习题采取不同的讲评策略,而不要千篇一律,万人一面。

(1)典型习题变式讲解。针对一个典型的核心题变换题目的条件、结论和表达方式,可得到许多同类型的题目。比如:进行适当的变式训练,也可加大一题多解、一题多变的训练,通过引导发散思维,从而实现知识的迁移,有效地激发学生的求知欲,达到举一反三,触类旁通,培养了学生思维的灵活性。

（2）同型习题集中讲解。知识点相似或相同，题目呈现也相同或相似，但实际上存在细微差别的一类题目，学生容易产生偏差，解题经常出现错误。对于此类习题应集中讲解，分析其特点与差别，得出解答方法与技巧，让学生掌握解题要领，培养学生思维准确性。

（3）坚决避免满堂灌。在讲评中，要避免教师成"独霸"，学生成"闲僧"，教师讲得口干舌燥，弄得学生昏昏欲睡……。教师不该讲的坚决不讲，一字千金，要精讲，批改提点，诊断激励，互动拓潜。比如：采取生生互动、师生互动、小组合作等，充分发挥学生的主观能动性。

（4）表扬要讲究方法。教师在习题讲评中，表扬学生要讲究技巧。比如：对进步较快的学生，要进行恰当的表扬；对在课堂上回答问题正确的学生，要予以适时的肯定。这样，可以让学生看到自己的长处，发现自己的优点，更好地投入到学习之中。

要充分利用习题教学这一有效阵地，通过师生创造性活动，全力培养学生综合能力。

〔发表于《赤峰教育》2018年1月第716期〕

精准提问是课堂提质的关键

课堂提问是课堂教学的重要组成部分,它是联系教师、学生和教学资源的重要纽带,也是激发学生学习兴趣、启发学生积极思考、引导学生解决实际问题和检验学生学习效果的有效手段。然而,在实际教学活动中经常出现教师提问随意性大、不够精准、缺乏技巧和价值不高等现象。那么,在课堂上教师如何做到"高效提问"呢?

1. 课堂提问要目标明确。要围绕每节课的教学目标,准确设计课堂问题,并紧紧围绕教学目标引导学生来完成教学任务。同时,教师提出的问题要有明确目的,一个问题的提出又为下个问题做铺垫,这样环环相扣,步步为营,才能达到事半功倍的效果。通过层层递进式的提问,激活了学生的求知欲望,体现了学生的学习是在原有知识的基础上自我生成的过程,达到了学生主动参与、探索新知的目的。

2. 课堂提问要力求精准。课堂上,教师设计问题要求精确、正确、准确,力求精巧、精致、精到,只有这样才能在有限的时间内完成教学任务。同时,教师在提问时要把握好"三度",即难易度、精准度和适量度,这样才能做到有的放矢、疏密相间、精准发问,提高课堂教学质效。

3. 课堂提问要层层深入。教师要针对问题实际情况和教学目的而设计不同层次问题,让学生在逐步引导中明白问题实质,总结内部规律。比如:一位教师在教学《背影》一文时,先后设计了这样几个问题:"文章题目是《背影》,那么文中几次写背影?""哪次写得最好?""哪次写得最生动?""为什么?"这样由易到难,由简到繁,层层递进,把学生思维一步步引向深入,最大化地发挥学生主体能动性。

4. 课堂提问要善于启发。课堂上,教师要善于启发,循循善诱,让学生认真思考,深入学习。比如:在学习《背影》一文中"父亲给儿子买橘子"

这段文字时,教师让学生反复朗读,并重读"穿过""跳下""爬上""两手攀着""向上缩"等关键词语,让学生理解内容。学生说:"父亲是个胖子,走路蹒跚,买橘子须过铁道,所以显得费时费力。"教师接着又问,如此家境,光景惨淡,父亲仍执意去给儿子买橘子,这又体现了什么?学生通过讨论交流,明白了父爱子的深情厚谊,在这里教师抓住关键词语,通过逐步启发,使学生理解了文章的内涵。

5.课堂提问要找准火候。孔子曰:"不愤不启,不悱不发。"这里所说的"愤悱",无疑讲的就是教师提问的"火候"——学生产生了强烈求知欲的时机。课堂教学时间有限,为师者要在有限时间内帮助学生创造"愤悱"之意境,进而引导学生思考问题。比如:朱自清的散文《春》第四节描写春花部分,文字优美,景色迷人。如何启发学生掌握文中修辞手法的妙用对写景的好处呢?教者直接问,学生难免会用"生动、形象"这类泛泛之词回答,而实际不知所云,效果不佳。如果教师课前写一段与课文内容相近而无修辞手法的朴实文字,让同学们体会是教师写得好,还是朱自清写得好,通过对比,帮助学生创造"愤悱"意境,促使学生进入"愤悱"状态。学生思路拨通了,思维活跃了,纷纷说出自己的理由,达到了教学目的。

为此,课堂提问是一门教学艺术,一定要适时、适度、适法,只要火候正好,提问高效,课堂教学就一定能收到意想不到的效果。

〔发表于《赤峰教育》2019年1月第755期〕

校本教研接地气

校本教研接地气，
师生为本铭心底。
蹲下身子搞课改，
实事求是提效率。

校本团队共商议，
厘清问题要实际。
解决措施定得准，
教学实践更给力。

课堂教学勿演戏，
精讲真练要实际。
走出去又请进来，
取长补短要扬弃。

集体备课成规律，
考评管理留痕迹。
共案个案相斟酌，
学习交流常相聚。

第六篇　星空赏月篇

他山之石，可以攻玉，要学他人之长，补自己之短；走出去，请进来，多进行沟通交流，总会有所收获。古人云：吾尝终日所思不如须臾之学也；学他人，学自己，让自己充盈起来！

政府推动的"以学定教，同案协作"的新尝试

—— 赴翁牛特旗参加全市课堂教学改革经验交流会有感

全面实施素质教育的主阵地在课堂，提高教育教学质量的根本途径是深入开展课堂教学改革，只有改革才能切实转变师生的教与学的关系，也才能培养学生的创新精神和实践能力。课堂教学改革使翁牛特旗的教育呈现出全新面貌，得到社会广泛认可，也引起我们的深深思考。

一、教育创新需要有政策支持

翁牛特旗的党政领导高度重视，全力支持课改工作。旗政府还专门颁发了《翁牛特旗关于进一步深化课堂教学改革的实施意见》等文件，要求全旗上下全力配合，提供便利，创设条件，大开课改"绿色通道"；党政领导深入学校和课堂，检查调研，了解情况，指导工作，为课改提供强有力的领导保障；旗政府想方设法筹措资金，加大教育投入，不断改善中小学的办学条件，强化硬件建设，完善资金保障机制，解决校长办学的后顾之忧，让他们一心一意抓教学，千方百计谋课改；加大舆论宣传力度，让社会了解认识支持课改工作，大张旗鼓宣传课改典型，报道先进事迹和成功做法，鼓励大家坚定信心，不断推进课改向纵深发展。

二、课堂改革需要有效的教学模式

当前社会最累的是学生，最苦的也是学生，从他们步入学校的那天起，每天都有学不完的课程、看不完的书和做不完的作业。纵观目前的基础教育，在高考指挥棒的指引下，学校成了制造大学生的"工厂"，学生成了争分夺秒的"考试机器"，教育的初衷被迫"走偏"。基于此，基础教育必须改变这种急功近利的不良导向，而课堂教学就是改变这种现状的主渠道，因而抓住了课堂教学改革，就等于抓住了学校教育改革的"牛鼻子"。

翁牛特旗教育人审时度势，与时俱进，反复思考，大胆实践，他们探索并建构了"以学定教，同案协作"的教学模式，从而拉开了翁牛特旗课堂教学改革的帷幕。

"以学定教，同案协作"是一种独具翁牛特旗特色的教学策略，它分课前、课中、课后三大环节，课前强调学生依案预习和教师的独立备、集体备和个人充实备的师生"两预习"；课中突出"学情评价与呈现目标——自主学习与小组讨论——研讨交流与点拨引导——知识应用与能力形成——学习体会与反馈小结"的"五步走"；课后重视"作业拓展性学习和教师课后反思"的"两拓展"。

"以学定教，同案协作"教学模式充分发挥学生的主体作用，倡导的是激发学生的内在学习动机，促进学生"想学"；尊重学生的学习水平，促进学生自我发展的"能学"；利用先进的教学手段和方法，培养学生掌握一定学习能力的"会学"；培养良好的学习习惯，形成良好的情感和价值观的"育学"。"以学定教，同案协作"的教学模式就是突出以"导学案"为载体，以导学为方法，以教师指导为主导，以学生自觉为主体，以训练为主线的五位一体教学活动策略。它是一种教学案一体化，师生活动民主化，学校教学管理和谐化的以人为本的课堂教学模式。

三、课堂教学改革带来的变化

喜看翁牛特旗教育人走出的一条农村课堂改革之路，虽然这条路曲折坎坷，但翁牛特旗教育人用他们对教育的执着和追求，走出一条激发生命活力的阳光大道。

1. 学生进步了。翁牛特旗教育人创建了"以学定教，同案协作"教学模式，确立了学生在课堂中的主人公地位，把课堂真正还给学生，"讲堂"变成"学堂"，为学生发展创设了最大空间，让学生在学习中体验成功，在成功中享受快乐，在快乐中建立自信。

2. 老师成长了。"以学定教，同案协作"教学模式的实施，为教师寻觅到专业化发展的途径，教师们认识到：备好课才能上课，学好本领才能舒服地做教师，使他们在学习中成长，在交流中进步，在反思中成功。为此，翁牛特旗教育界成长起来一大批骨干教师。

3. 学校发展了。翁牛特旗几年的课堂教学改革，大面积地提高了教育教学质量。以课堂促师生成长，以师生进步提升学校的认可度，让社会满意，让家长放心，让学生成长。

我们在赞叹翁牛特旗课堂教学改革之余，也留下了自己的思考。"以学定教，同案协作"教学模式应不断完善和创新，要立足实际，不被概念束缚，不被模式困扰，不搞"一刀切"，需敢于突破，依据学校、班级、学科等特点，形成个性化发展思路；以课改促教改，以教改促提升，把素质教育推向深入。

〔2010年6月发表于敖汉教育网〕

学校文化建设在齐鲁大地生辉

——参加山东学校文化建设培训班有感

短短几日的山东考察, 受益匪浅, 访听看拍, 感悟颇多, 规范化管理, 丰厚文化底蕴和鲜明的办学特色, 记忆犹新。

一、学校文化建设要有政策支持

涉足齐鲁大地, 品味山东教育。各级党政领导, 全力支持教育。坚持大投入, 各级政府和教育行政部门加大对教育投入力度, 强化硬件建设, 完善保障机制, 倾全民之力优先发展教育。在山东这块文化沃土上, 最漂亮的建筑是学校, 占地最多的是学校, 文化氛围最浓的是学校, 人们最崇敬的行业是教育。坚持高规划, 百年大计, 教育为本, 学校的建设要立足现实, 放眼未来, 要注重规划, 突出品位, 要大手笔, 大构思, 大发展。坚持强舆论, 山东人自上而下形成了重视教育、优先发展教育的舆论氛围, 大张旗鼓宣传教育, 制定文件, 强化教育, 报道事迹, 标榜教育, 让教育深入人心, 万民推崇。

二、学校文化建设要有先进的办学理念

理念就是灵魂, 灵魂决定发展。一所好学校必有一个先进的教育理念来支撑。如山东邹平提出了"创办政府信任, 学校认可, 家长学生满意教育"的办学目标, 并充分发挥"经营学校""教育就是服务"等理念, 促进了学校的发展; 黛溪中学建设"以人为本"的理念文化; 历城二中坚持"为每个学生搭建发展阶梯"的办学理念; 锦山中学确立了"创高考品牌学校, 建北方文化名校"的办学目标。泛泛所举, 先进的办学理念就是治校之本, 兴校之魂。

三、学校文化建设要强化常规管理

学校文化重在管理, 管理重在精细。管是为了不管, 管更重要的是"理", 只"管"不理, 学校工作难以理顺。山东历城二中是一所有学

生1万多人的寄宿制中学，学生多，关系杂，规模大，管理难度可想而知。但这样一所学校却管理得井井有条，事事有序，一进校园，令人耳目一新，其背后渗透一种文化立校理念，彰显"勤文化"的魅力。校园处处有文化，块块墙壁会说话。他们充分发挥师生智慧，为幢幢楼房、个个宿舍命名，运用这些来规范管理，教育学生，引领学生精神成长。

四、学校文化建设要强化校本培训

加强教师培训。考察过的山东学校，他们都非常重视教师培训进修。特别是校本培训，他们的做法：首先从教师良好的心态和良好道德抓起，让教师静下心来研教学，放下心来搞教书，潜下心来育人才。其次，在教师专业化成长方面狠下功夫，在增强外出学习培训基础上采用校校联合方式造就一支高质量的教师团队，学校要发展，教师必发展，教师不发展，学校何谈发展。

强化学生培养。叶圣陶老先生曾说：教育就是培养良好的习惯。考察过的山东学校，无不抓住学生习惯养成教育、良好的意志培养教育和学习能力养成教育等。根据实际，依据课标，把握学情，采用不同形式的教学方式与模式进行有效教学。如九户中学的"小组合作学习"四步走模式，魏桥中学的"绿色阅读法"，历城中学的"自主管理、自主教育、自主发展"的育人模式等，无一不是以学生发展为中心。

五、学校文化建设要彰显特色

敖汉旗教育局提出的"安全立教、和谐治教、管理兴教、质量强教"的办学理念，这其中也无不渗透着特色誉校、文化活校的内涵。参观几所山东学校，他们办学理念新，学校特色显。如广田小学的"广田文化与学校文化相结合"，明集中学的"同读同写、主体发展"，黛溪中学的"以人为本和以情为主"的文化特色，他们把打造品牌、特色誉校作为学校发展的办学理念，坚持持久，代代传承。

六、学校文化建设的几点感悟

转变办学观念。所看到的山东学校都有"以人为本，为学生终身发展奠基"的人本发展理念，有明确的"规范化、特色化、品牌化"的办学目标。为此，我们必须转变办学理念，结合敖汉旗的"有效教学"自主学习课堂教学模式研究, 努力改变师生教学方式, 从而打造自己的品牌, 创造自己的特色学校。

强化常规管理。考察的几所学校都特别注重常规管理, 抓住日常管理这一主线不放松, 做到科学的 "管", 规范的 "理", 把管理落到实处。如山东邹平在全县叫响 "聚精会神抓教学, 一心一意抓质量", 全面落实教学中心地位, 强化管理, 提升质量。而敖汉贝子府中心校作为赤峰市级学校管理先进单位, 要认真总结, 反思不足, 借鉴经验, 上层次, 上台阶, 上特色, 显亮点。

抓好校本教研。提高教学质量的载体在课堂。考察期间, 深入课堂, 不难发现, 他们都在借鉴洋思、杜郎口中学的课堂模式基础上有所突破。而我校正按旗教育局工作部署, 结合自己学校实际, 认真探讨赤峰市翁牛特旗 "导学案教学七步走" 模式, 抓好典型, 以点带面, 全面推开, 有效实施。

办好学校特色。我们要把学校发展与质量提升、外部环境与学校文化内涵紧密结合起来, 不随波逐流, 雾里看花, 邯郸学步, 要全员参与, 挖掘潜力, 取长补短, 勇于突破, 办出特色。敖汉旗贝子府中学继续完善 "德育学分制", 促进学生素质大提高, 要跟踪培养青年教师专业发展, 为教育发展积蓄后劲。贝子府镇中心小学随着移址新建完成, 搞好规划, 发展绿色校园、人文校园, 提升校园文化品位; 同时, 注重艺体学生培养, 关注留守儿童, 打造平等和谐校园。贝子府西荒小学继续实施 "三级九段流程管理模式", 立寄宿制学校管理之本, 育德艺双馨之英才; 同时, 加强勤工俭学基地建设, 因地制宜开发学校边角地块, 种花种草, 培养学生自理能力和劳动技能。贝子府镇王家营子小学和克力代小学充分利用区位优势和资源优势, 强化管理, 立足课堂, 抓好校本教研, 培养学生自主探究能力。

考察山东各校, 反思自我, 找准切入点, 真抓实干, 努力把学校文化建设这一要事做好。

〔2011年10月发表于敖汉教育网〕

　注: 翁牛特旗"导学案教学七步走"模式, "课前两预习"即强调学生依案预习和教师独立备、集体备的师生两预习; "课上五环节"即学情评价与呈现目标, 自主学习与小组讨论, 研讨交流与点拨引导, 知识应用与能力形成, 学习体会与反馈小结; "课后两拓展"即作业拓展性学习与教师课后反思。

"讲堂"变"学堂"
为学生自主发展创设最大空间

——赴山东杜郎口中学考察学习有感

踏着初春的寒意，怀揣"杜郎"的神奇，我们走进了"杜郎口"的内心世界，欲揭开它神秘的面纱。

闻听"杜郎"，憧憬好奇；走近"杜郎"，惊叹不已；赏析"杜郎"课堂，亲近"杜郎"师生，我们无比赞叹：不一般呀，不一般！

一、风景这边独好

"杜郎"真神奇，标语处处题。"杜郎"标语特色突出，主题鲜明，营造了学习至上的氛围，在校园内形成一道亮丽的风景线。

你瞧！不管是教室还是走廊，随处可见学生写的"凡人名言"："我自信，我成长""乐着学，学着乐""在合作中学习，在学习中合作，在竞争中协作，在协作中竞争"。条条标语，比比皆是，这些充满激情、活力四射的标语，似乎在诉说着杜郎人成功的喜悦。

这里没有名家名言，没有班风学风，没有雕塑壁画……取而代之的是发自内心的标语，它是学生对课堂的理解，是学生对课堂的追求，是学生对课堂的热爱。或朴实、或睿智、或平淡、或锐利……却诉说着课堂给学生带来的启迪、感悟、激情和灵性。

"杜郎"真奇妙，黑板处处撂。教室没讲台，三面是黑板，走廊没壁画，两侧是黑板，校园水泥地面，到处也粉刷成黑板。课上课下，同学们有的在教室内书写，有的在走廊描画，有的在室外水泥地上"爬黑板"，可谓时时是学习之时，处处是展示之地，每班几十人，人人都有"责任田"（小黑板），人人都有展示的天地。小黑板，作用大，"杜郎"的"黑板文化"造就了杜郎口中学今日的辉煌。

二、课堂乱而不散

杜郎口中学采用"三三六"自主学习模式，即课堂自主学习三个特点：立体式、大容量、快节奏；自主学习三个模块：预习、展示、反馈；课堂展示六个环节：预习交流、明确目标、分组合作、展示提升、穿插巩固、达标测试。这种模式的每个环节无不体现了"把课堂还给学生"的主体要求。

"教是为了达到不需要教，学是为了自己会学""要无限相信孩子的潜能"，这些理论在"杜郎"得到了诠释。在这里学生是学习主体，把课堂归还给了学生，真正地把"讲堂"变成了"学堂"，学生自主探究、民主平等、互帮互助，在教与学过程中不断充实自己、展示自己、反思自己和发展自己，解决了教师课上喋喋不休的"满堂灌"，丢弃了教师表演单口相声的"独角戏"，课堂上教师"主演"变成了"导演"，学生由"配角"变成了"主角"，教师走到了学生中间，成了组织者、引导者、合作者、评价者和拔高与保底的责任者。

课堂变成了学生的舞台，教师插在学生中间，常常难以辨认。6~8名学生面对面而坐，学生教科书、学习参考书、作业本凌乱地放在桌上，教室没有讲台，教师没讲桌，教室门全都敞开着，学生或站，或坐，或跪在椅子上，或蹲在地上……老师一声"开始！"学生们呼啦啦地冲到黑板前开始写、开始算，教室内学生抢答声、欢呼声和谈笑声汇成一片，听课者进进出出，学生们旁若无人，教室内表面乱哄哄的，实则"乱"而有序，"乱"中有静，而这一"乱"，却"乱"出教育的真谛，"乱"出了教育的激情，"乱"出了学生的心声。

课堂上，"杜郎"的学生特别热衷于"表现"：或说，可长篇大论，可只言片语；或写，可写在预习本上，可写在黑板上、地板上；或演，可唱歌，可跳舞。学生把自己的收获尽情地表达出来，彰显个性，表现力得到了尽情展示。

"给我一次机会，还你一个惊喜"，每位学生都渴望教师的关注，渴望有自己的角色。让我们从现在做起，把课堂真正地还给学生，创造出民主、和谐、开放和生机勃勃的"绿色课堂"。

三、管理措施到位

"杜郎"重制度建设，从严治校；重以人为本，关爱生命；重目标管理，奖优惩劣。全校上下，齐心协力，形成了"我为人人，人人为我"的良好氛围。

四、抓榜样带动，"四有七性"并举，创造管理神话

"四有"就是有品格、有思路、有本钱、有力度。在这"四有"中，有本钱尤为重要。杜郎口中学的领导班子由校长、副校长、年级主任、学科主任组成，领导班子除校长没任课以外，其他成员都要担任班主任和不少于一般教师的工作任务，全校有十六个教学班，其中十个班的班主任都由领导班子成员担任，由于领导班子成员勇挑重担、业务精湛，起到了榜样带动作用，让其他教师心悦诚服。

"七性"就是不负责任就有责任，负不好责任就承担责任的"责任性"；领导班子立榜样、树典型和以身作则的"示范性"；学校无小事，事事规范，从小事抓起抓持久的"育人性"；工作有思路，思想有个性的"开创性"；事事有不足，及时查缺补漏，不怕不成功就怕没信心的"求变性"；树立质量观，力求芝麻开花节节高，一步一个脚印，坚持经常的"持久性"；讲团结、讲制度、讲落实和不讲人情的"原则性"。"四有七性"并举，创造了"杜郎"的管理神话。

五、重过程管理，激活教师潜质，凸显管理神奇

杜郎口中学重工作落实。先进的教育理念运用到教育实践中能否发芽、开花、结果，关键在落实。要落实重在及时检查、评比和反馈。杜郎口中学经过几年的尝试和探索，已形成了较完善的六大评价体系：即校级评价（验评组评价）、学科组评价、年级评价、班组评价、教师评价和学生评价等。具体操作是验评组每天根据听课、转课情况给年级组、学科组排名，周末又根据一周的情况给年级组、学科组排名，又把教师每周的反思进行排名等；年级组每天根据检查给每个班排名，年级组、学科组每周综合情况或按某一任务进行班级排名；班组对本班的任课教师进行综合排名或单项排名，教师把学生在课堂上表现进行小组排名，小组长每天给每位同学进行排名。教师的各种评价每天公布，每天都召开两次教师评价反馈会，学生 的各种评价每天公布，周周小结。同时，杜郎口中学重过程管理，每天由值日校长（由年级主任、学科主任负责）检查评比全校三个年级；年级主任（由班主任负责）检查评比学校各个科组；值日班主任（由普通教师负

责)检查评比学校每个班级。同时他们还实行责任上移，权力下放，责任细化，落实到人等措施，让所有教师参与管理，都能体会到不同级别的职责和工作艰辛，充分发挥全体教师的主动性和积极性，从而树立教职工"我就是学校、学校就是我"的主人公意识，为学校发展献计献策。

杜郎口中学的"评价文化"激活了教学管理，激活了教师潜质，促进了先进教改理论的落实，最终也必将促进学生综合素质的提高。

六、反思感悟颇多

喜看"杜郎人"走出的一条农村中学教改之路，虽然这条路曲折坎坷，但他们以对教育的执着和热爱，蹚出了一条激发生命活力的河流，透视"杜郎"，感叹颇多。

1. 确立了学生的主体地位。杜郎人创建了"三三六"自主学习模式和课堂"10+35"模式，确立了学生在课堂中的主人公地位，把课堂真正还给了学生，"讲堂"变为了"学堂"，为学生发展提供了最大空间。

2. 确立了课堂教学形式。他们以小组合作为主要的教学组织形式，培养了学生的合作交流能力，采取"兵教兵、兵练兵、兵带兵"的形式，合作互动，一起进步，共同成长。

3. 确立了预习在教学中的重要地位。以往的教学，人们对预习认识不足，老师拿出了大部分时间精心备课，有备而教，学生没足够的时间精心预习，学而无备，致使教与学脱节，老师讲得口干舌燥，学生却无精打采，效果欠佳。"杜郎人"正是抓住这一点，让学生自主学习，快乐成长，而自主学习的必要基础就是通过预习建立起来的，课前预习是"三三六"教学模式之本，为此课前预习在自主学习中尤为重要。

4. 确立了"活而不乱"的课堂灵魂。杜郎口中学的课堂是动态的、流动的，"让学生动起来，让课堂活起来，让效果好起来"是"杜郎人"的追求目标，但课堂上却活而不乱，乱而有法，法而有序。

5. 确立了一堂好课新的评价标准。传统的好课重在教师讲授，"名师都是讲出来的"。如今"杜郎人"打破传统定式，标新立异，一节好课就是师少讲生多动（"10+35"模式），学生自主学习，生成新的能力，也就是学生成了评价核心，老师成了"旁观者"。

6. 确立了"零作业"教学管理制度。中小学课业负担过重，是长期以来困扰我国基础教育的一大顽疾，其中尤以作业过多为最，它已成为中小学生健康成长的杀手。这一问题，在杜郎口中学得到解决，学生课下无作业，课上重效率。

7. 确立了"以学控辍"的保学办法。辍学问题是实施九年义务教育的最大"拦路虎"，辍学问题不解决，"两基"很难巩固。据调查分析，学生辍学原因很多，但其中最重要的是厌学，而厌学多是教学方式呆板，学生无乐趣所致。基于这点，"杜郎人"创设快乐课堂，学生自主快乐成长，学校是他们的乐园，课堂是他们的舞台，学生们享受学习，享受友谊，享受快乐，享受成长，又怎能离校而去呢？

我们在赞叹"杜郎"模式之余，也思考了更深层次的问题，与同仁们商榷。

（1）"杜郎"课堂教学模式存在"一刀切"的忧虑，忽略了学科差异，忽略了学生的个体差异。

（2）教学手段单一。杜郎人教改一大特色是学生"爬黑板"，你看，课内课外，室内室外，学生都是在自己的"一亩三分地"（小黑板）活动，学校阅览室大门紧闭，乒乓球案板尘土厚厚，学生课间来去匆匆，课表内容满满当当，学生缺少自由活动，现代设备无人问津，何谈全面发展。

（3）以人为本，关注生命的教育理念过于局限在课堂上，如何形神兼备，"杜郎人"任重而道远。

（4）我个人认为学习杜郎口中学不一定把课桌排成小组"摊位式"，不一定要在教室三面也挂上黑板，也不一定非要实施"10+35"教学模式，而要因校制宜，取其精华，有选择地借鉴，最终形成自己的模式，否则就会有邯郸学步、东施效颦之嫌。

让我们边学习边探索，一步一个脚印，用心去做事，梦想总会成真。

〔2012年4月发表于敖汉教育网〕

注："三三六"自主学习模式，即课堂自主学习三个特点：立体式、大容量、快节奏；自主学习三个模块：预习、展示、反馈；课堂展示六个环节：预习交流、明确目标、分组合作、展示提升、穿插巩固、达标测试。"10+35"课堂教学模式，即初中一节课的时间是45分钟，教师讲解最多不超过10分钟，其余35分钟均是师生、生生互动活动。

校长要牢记"三十条"

2013年9月,有幸参加在北京教育学院举办的内蒙古中小学校长培训班,几天的学习培训,收获颇丰,感悟多多。下面将专家学者的理念及自己的感悟归纳如下:

1. 教育是为了不教育,不教育是为了更好的教育;

2. 教育是栽培生命的过程,也是生命影响生命的过程,生命因教育而灿烂,教育因生命而生辉;

3. 教育的均衡发展,它不是削峰填谷,追求平均,而是均而不衡,和而不同;

4. 教育的成功主要靠教师良好的生命状态影响学生,播下仇恨的种子,果子能甘甜吗?

5. 教育造就一个人和毁灭一个人,是在不知不觉中完成的,为此,教育干的就是良心活、功德事;

6. 做教育就是培养学生的良好习惯,良好的习惯胜过已有的知识,培养习惯就像沙漠里捡石头,要有韧性,要有恒心;

7. 教育质量就是学生在你手中的各项增量;

8. 应试教育是一场灾难,没有教育,只有考试,没有学生,只有考生;

9. 要注重学生品德教育,教育本身要回归精神教育;

10. 让知识生成能力并涵养品格,用丰实广博的知识滋养学生,永远是教育的主业,夯实"双基"永远是学校的铁律;

11. 学校文化是学校发展之本,是学校不败之魂;

12. 一所学校办学思想是核心,办学文化是动力,育人目标是宗旨,管理模式是基础,课程体系是关键;

13. 不为别人的过失而惩罚自己,你见过农民埋怨庄稼的吗? 没有差的

学生, 只有差的教师;

14. 中国的学生最勤奋, 最聪明, 中国的教材最深奥, 但缺乏创新精神和能力培养;

15. 发展需要规范, 规范促进发展, 让学生明白在规则制度下的自由才是真正的自由, 要做一个有约束感而不拘束的学生;

16. 校长要做好四个引领: 理念引领, 达成共识; 目标引领, 完成任务; 学习引领, 带好班子; 人格引领, 榜样带动;

17. 校长要做大事, 做小事, 不做具体事; 要善于谋事, 主动做事, 力争成事;

18. 一个智慧的校长是用自己的眼睛观察, 用自己的大脑思考, 用自己的嘴巴说话;

19. 校长要学会 "扬弃", 大浪淘沙, 有时先进理论比鲜活经验更有价值;

20. 校长要学会沟通, 再伟大的思想要沟通才闪光, 要学会从不同角度看问题, 效果定会不同;

21. 校长要与教师有效沟通, 管理的本质就是心理沟通, 有效沟通就是充分地听, 充分地看, 充分地说, 要尊重、理解和倾听教师的心声;

22. 校长要尊重有过错的教师, 尊重不尊重自己的教师, 尊重是无条件的;

23. 有些校长之所以失败, 不是无能, 而是不自信, 不坚持;

24. 校长要提高自己的领导力, 要学会终身学习, 反复实践;

25. 读书可以使人获得良好的生命状态, 改变学习方式, 才能改变生活质量, 提高幸福指数;

26. 有能力的领导者愿意倾听, 有能耐的追随者敢于说真话、说实话;

27. 一个校长面对各种冲突, 看不出问题才是最大的问题;

28. 校长研修要形成制度, 要走近教师, 走近学生, 走进课堂, 了解教师呼声, 知道教师怨声, 把事做实;

29. 小课题研究要有自己的特色, 开展 "真问题, 小课题, 短周期" 的研究, 形成课题研究文化;

30. 校长要把上级要求、师生需求和个人追求统一起来, 使之成为学校发展的不竭动力。

〔2013年9月发表于敖汉教育网〕

教育就是服务

—— 听姜晓勇校长报告有感

有幸聆听上海尚德学校姜晓勇校长的精彩报告,受益匪浅。

尚德学校是集幼儿园、小学、初中和高中四段一体的寄宿制学校,创办以来,努力实现三年打基础,五年求发展,十年创辉煌的阶段目标,创造了人才低进高出的奇迹。

听了姜校长的讲座,茅塞顿开,欲将学到的一些办学理念与同仁分享。

1. 教育就是服务,要落实到课堂上,落实到点滴工作之中。

2. 追求不留下遗憾的教育,让每位学生学会经营自己的幸福人生。

3. 教师必须站在自己是学生的角度上看学生,学生自尊心应得到保护。

4. 站在自己做学生时最不喜欢的教师角度,反思自己如何做学生喜欢的教师。

5. 教师必须用自己的人格魅力影响学生,让学生感受到教师的付出、教师的力量和教师的伟大。

6. 学校必须走自主、和谐、特色和可持续发展之路。

7. 坚信教育的最大魅力就是让每个学生拥有希望,教育的最大功能就是让受教育者分类推进。

8. 基础教育就是为学生幸福人生和终身发展奠基的教育,为学生的内心世界打扮出亮丽的底色。

9. 学生成就了教师,教师影响着学生。

10. 要给学生更多的激励和肯定,从细节、点滴和小处入手。

11. 一个教师必须从细节处思考学生,否则永远走不进学生的心里。

12. 培养学生终身学习的愿望、情趣和能力。

13. 教师要学会终身学习, 荣誉和信誉高于一切。

14. 教师要不断专业成长, 营造幸福心态, 提高幸福指数, 不断捕捉生命的感动。

15. 教师"五种修炼", 就是仪态、表情、言语表达、着装和眼神;"六个学会", 就是学会等待、学会分享、学会宽容、学会选择、学会合作和学会创新。

16. 教材的知识是教师教学的"药引子", 更多知识需要学习拓展。

17. 有效教学就是学生学习目标明确, 教学过程学生有实质性参与, 教师把复杂知识变简单了。

18. 让每一堂课都精彩, 让每一堂课都高效, 是教学工作的追求。

19. 课堂上, 效率取决于教什么, 灵魂取决于怎么教。

20. 课堂不是讲堂, 课堂也不是学堂。

21. 有效课堂的管理是学生和教师共同完成的。

22. 管理的秘诀是: 把握人的情感, 满足人的欲望。

23. 一个优秀管理团队要有责任, 要忠诚, 要爱岗敬业, 要大度, 要关爱教师, 要胸有目标, 要学会宽容, 要专业素质过硬, 要注重细节。

24. 班级管理的效能取决于教师个人的声誉, 取决于教师间相互欣赏和支持, 取决于班级文化等。要公平公正的选好班干部, 让学生自主管理。

不难看出, 上海尚德学校的办学理念, 成就了尚德的办学精髓, 那就是: 以生为本, 以师为本, 以班为本, 以发展为本, 从而也建构起尚德的办学之魂: 尚德重义是做人之本, 聪明智慧是发展之本, 社会信誉是强校之本。我想尚德的办学精神对我们是很有借鉴意义的。

〔2014年5月发表于敖汉教育网〕

课程改革求实求新求稳求进

—— 赴林东七中考察学习有感

赴林东七中几天的考察学习，受益匪浅，访听看拍，亮点多多。他们高标准规范化管理，丰厚的班级文化底蕴，鲜活的办学特色，自主高效个性课堂，学生行为习惯养成等，缤纷呈现，可研可学可用。

一、学校发展要有政策支持

全旗党政领导及教育行政部门全力支持教育，做到了"三个坚持"。

1. 坚持大投入。强化硬件建设（全旗所有初中撤并成五所初中且全部在旗里，其中，仅七中建设就投资2.5亿元），完善保障机制（实施了教师聘任制、教师淘汰制等），倾全旗之力优先发展教育。

2. 坚持高规划。百年大计，教育为本，立足现实，放眼未来，注重规划（全旗五所初中），突出品位，做到校校有特色，班班有文化，人人有个性，可以说是大手笔，大构思，大教育，大发展，史无前例。

3. 坚持强舆论。全旗上下，大张旗鼓，制定政策，强化教育，报道事例，标榜教育，让教育这方净土深入人心，受到推崇。

二、学校管理要求新做实

林东七中的管理：

权力下沉放在最底，

责任分解帽下有人。

纵横交错绝无盲区，

细化管理渗透点滴。

自上而下环环相扣，

层层反馈抓住时机。

事有人干时有人抓，

上下同心合而为一。

比如: 实施五横三纵的管理框架, 值周教师晨反馈制, 发现问题及时约谈制等。

三、课程改革要稳步推进

林东七中的做法:

转变观念人人守责,

增效提质全员负责。

反复实践"五主四辅",

小步慢走做实搞活。

学习培训重在反思,

"五要五习"师生斟酌。

晨警午练暮省必做,

横纵联动小组润泽。

完善提升轮回课改,

内外支持重教修德。

异口同声绝无杂音,

"两磨一研"做细求活。

循序渐进点上突破,

"五段校本"人人掺和。

全旗上下关注课改,

众人拾柴群情激活!

四、几点粗浅感悟

1. 课程改革势在必行。当下素质教育要求, 教育形势所迫, 把学生质量提升和能力培养作为学校第一要务, 改革是学校可持续发展的不竭动力。

2. 教育观念亟待改变:

①"授人以鱼, 不如授之以渔", 要教给学生学习方法, 培养学生的能力。

②"激趣"是做事成功的法宝, 兴趣是最好的老师, 只有培养学生学习兴趣, 教学效率才会从根本上得到提升。

3. 学校发展需有可靠支撑。学校外部各方鼎力支持, 内部层层全力配合,做到里外结合,合二为一,发展动力才不可限量。

4. 课改必须戮力同心。全校上下同心,全力以赴,观点一致,献言献策,求同存异,抓大放小,不搞形式,只求实效。

五、课改注意几点

1. 不要形式要内涵(单单学生桌子围成圈,只是外表形式,不是学生小组合作学习,也不是高效课堂)。

2. 不要速成要稳进("速成杨"长得快但不结实,经不起风吹雨打)。

3. 不要求多要求细(贪多嚼不烂,贪快抓不实)。

4. 不要摒弃要"扬弃"(传统教育中好的要发扬,要有选择地继承,取其精华,去其糟粕)。

5. 不要只盯准课堂,要多元参与,注重各个环节(课改是全方位的,不仅仅局限在课堂上)。

课改是一项系统工程,四梁四柱必须搭好,如制度改革、政策支持、经费保障、校本活动开展等。也就是说,它不是孤立的,而是全方位的;不是单向的,而是多元的。只有以点带面,重点突出,整体推进,才能取得实效。

〔2014年9月发表于敖汉教育网〕

注:①"五主四辅","五主",以学生为主体的五个流程,即学、议、展、理、练;"四辅",课上教师辅导的四个环节,即引、查、导、结。②"五要五习","五要",要求教师做到课前三问课后三思,要求精讲点拨在15分钟之内,要求教师提供给学生动手、动口、动笔、探究时间不少于20分钟,要求教师课上把握节奏,理解要快,落实要稳,要求教师布置作业精简而有效;"五习",即预习习惯、自学习惯、合作习惯、积累习惯、阅读习惯。③"两磨一研","两磨",就是常规教研活动以教研组为单位,以学科组为单位;"一研"就是研课。④"五段校本",即集体备课、教师上课、反思调整、重新上课、总结提炼。⑤"晨警午练暮省",就是各班每天进行晨会警示,午起练字(10分钟),晚上放学进行反思总结。

民主科学抓管理　德艺双馨育英才

——参加第三届"养成良好习惯，构建高效课堂"专题研讨会有感

2015年深秋，余有幸随团赴盘锦考察学习，感触颇深，尽管魏书生先生已退居二线，但他的教育思想仍荣光普照，落地生辉。

喜看盘锦教育，处处凸显民主科学的治教理念，二十年如一日，始终坚守着，这也是魏书生教育思想的精髓。

一、服务为乐

在魏书生教育思想的引导下，盘锦教育人时时把为师生服务、为他人服务、为社会服务当作自己工作快乐的源泉，"我工作，我快乐"，这就是他们对工作的真诚感悟。

每年春秋季开学，各校总会有一次教师集会，会上，演讲者循循善诱，与会者聚精会神。台上演讲的是校长，台下认真评议的是教职工，这就是各校落实魏书生"校长要树立为教师服务的思想"的一个小镜头。教师心目中可以没有校长，但校长心目中却不能没有教师，要时刻装着教师。校长走进教师中间，倾听他们的建议，集纳大家智慧；教师走进学生中间，与学生一起学习，一起运动，一起娱乐。坚持民主治校，科学管理，自觉育人，自觉服务，大家努力做到"多工作、少得利、勤服务、无亲疏"，千方百计使师生成为学校的主人。因此，为了促进自身的进步和发展，提升自己的人生境界，老师们不把工作看成负担，当作包袱；相反，作为一种快乐，一份享受，从而牢固树立了"学习、尽责、助己"的价值观和苦乐观。

二、民主协商

魏书生的一个重要教育思想就是"决策过程多商量，出现问题多协调"的民主管理。他充分依靠师生，尊重师生，把师生吸收到管理中来，共同参与，商议决策。

首先，树立为学生服务的思想，存有公仆之心，尊重学生人格，教师要

多适应学生；其次，建立互助师生关系，教师帮助学生学习，学生帮助教师教学，师生之间感情真挚；再次，发展每个人的人性与个性，人性化教育，就是把人看作一个宏大的世界，就是让人的善良一面萌发并成长起来，同时也要培养人丰富多彩的个性。为此，管理者要有高度的民主作风，善于团结同事，积极探讨，努力工作，要经常深入到教职工中，把学校管理工作从办公室、会议室做到宿舍里、饭桌旁，与教师们交心结友，及时把握其思想脉搏，共同创造和谐民主的工作学习氛围。管理者要善于听取各种不同意见，尤其反面意见，要相信别人，做到疑人不用，用人不疑，集思广益，同心同德，实施有效管理，民主治校。管理者要做师生的良师益友，要以德感人，以绩服人，以心暖人，以情动人，寓"民主管理"于实际工作中，就会产生"随风潜入夜，润物细无声"的效果。我们相信：你的心在哪里，你的管理就在哪里获得成功，收获喜悦！

三、赋权到人

魏书生民主治校理念就是权力下放，分层负责，责任到人，让人人有事做，事事有时做，项项有人管，件件有人抓。他有几个"不做"，即副职能做的事，他不做；中层能做的事，他不做；教师能做的事，他不做；学生能做的事，教师不做。因此，充分调动了大家的积极性、主动性，从而也解放了自己，让自己做更多的事情，更重要的事情。

四、科学管理

魏书生教育思想倡导的科学管理，它是帮助校长实现复杂问题的简单化，系统问题的条理化，管理问题的规范化，不仅增强了工作可操作性，而且极大提高了学校管理效益。科学管理就是在计划前提下的有序管理，制订计划前要集思广益，深入调研，实事求是，不搞假大空。盘锦的校长们说："都说当校长不容易，但在盘锦当校长就容易多了。"科学管理就是在计划实施中的监督管理，盘锦教育在落实计划过程中有一套经过反复完善的科学监督检查机制，在检查方式上，实行多层次展开，自检、互检、专检，这样的检查每个学校一个学期至少有两三次。另外，每学期市教育局都要组织各校进行大检查，内容灵活，形式多样。科学管理就是任务完成后的及时反馈管理，仅有计划监督检查系统，还不是一个完整的管理系统，必须还得有一个反馈总结过程，减少失误。有学生反馈、教师反馈、家长反馈、领导反馈、社会反馈，有校长接待日反馈、校长信箱反馈，每月一次家长学校反馈，家长开放日反馈，社区实践活动反馈等多种方式，通过总结反馈，发扬长处，克服不足，以利进步。

五、业精于勤

勤是立本之基，成事之魂。若说人本管理是魏书生思想的灵魂，而勤奋工作则是实现他思想的根基，魏书生作为一名教育家，他业务精湛，知识渊博，富有创新意识，而他的这些素养全都来自他的执着、勤奋、坚守。首先，他勤于学习，不断汲取知识，提高自身修养和理论水平，做到理论先进，认知超前，学识渊博。比如：他有随时记工作日志的好习惯，迄今他已写了上百本工作记录。他勤于观察，在任职期间经常深入到校园的各个角落、众多部门，从城里到乡下，从校内到校外到处都留下了一位市教育局长的身影。他下基层，搞调研，了解情况，发现问题，倾听意见。更勤于实践，作为一名教育局长、教育家，他把名利看得很淡薄，而唯独放不下、割舍不断的就是他的课堂教学，在其思想的感召下，盘锦教育人继续尝试着、传承着、创新着课堂"六步教学法"，他们运用适时，挥洒自如，游刃有余，建构了高效课堂，也打造了盘锦的高质量教育。

六、以体育人

强化大课间活动，养成良好习惯。学生大课间活动是盘锦教育的一张名片，它是在魏书生教育思想引导下，真正实现了"把时间还给学生，把空间留给学生，把健康带给学生"的理念。在大课间活动中，注重活动有趣性，把"要我练"变成"我要练"，师生积极参与，活动丰富多彩，尤其是他们的"高抬头，大摆臂，练长跑，有技艺"的集体跑步中，感受到了体育的无限魅力，也是间操课程的品牌特色。强化校本课程，丰富校园生活。盘锦教育把校本课程开发作为重中之重，充分发掘学生的个性潜能，使学生学会交流，学会自信，学会探究，学会生活，以适应未来社会发展需求。它是以校为本，以生为重，以兴趣为核心，以师生为主力军，以学校资源和社区资源为载体的对国家课程校本化的再加工、再创造，使之更符合学生、学校、社会特点和需求，校本课程给学生留下空间，让学生个性得到彰显，才能得到发展。

七、以德立人

德乃立之本，成事之魂，做人师靠师德，无师德育歪人。魏书生就是一位德艺双馨的教育家,他不断推行自己的民主管理,人本管理,用自己的人格魅力感召人,通过情感交流、思想沟通以及对教职工工作生活的关照,拉近了彼此的距离。盘锦双台区实验小学的刘素英老师讲述了魏书生任局长期间的一段感人故事。她师范毕业后,分配到盘锦城郊一所村小任教,学校很小,条件也差,她和其他年轻人一样,也有进城教书享受优质教育资源的渴望。终于有一天,她鼓足了勇气,抱着一叠获奖证书走进了魏书生局长办公室。第一次接触局长,刘素英不敢抬头,害怕得不知说什么话,魏书生给她倒了一杯水,和蔼可亲,询问来意,听说她想到城里学校上班,魏书生局长只说了一句话:"那你准备参加考试吧。"出了门,刘素英心里直打鼓,这事儿靠谱吗?可是事情居然就这么简单,暑假里,她参加了考试,成绩合格,顺利调进盘锦双台区实验小学。面对市场经济,人们把有些事考虑得很复杂,而在魏书生眼里,办事就这么简单,一切以能力说话,能者上,庸者下,这就是一位教育家的坦荡与品格。而今,盘锦教育界领导仍传承着魏书生任人唯贤的用人思想,谱写着盘锦教育辉煌灿烂的今朝!

用平平常常的心态,有高高兴兴的情绪,在普普通通的岗位,干实实在在的事情,这就是对魏书生教育思想下盘锦教育现状的最好诠释,而我们今天又学到了什么,想到了什么,今后又想做些什么,值得深思!

〔2016年10月发表于敖汉教育网〕

注:课堂"六步教学法","定向"即确定这节课学习重点;"自学"即目标明确后,学生归类学习;"讨论"即经过自学后,小组合作学习,解决疑难问题;"答疑"即分组讨论后,问题仍没解决,交给全班同学,学生能解决的由学生解决,解决不了的,由教师解决;"自测"即自我检测;"自结"即学生回忆总结这节课重点内容。

如何保证课堂高效

—— 敖汉旗高效课堂拉练学习心得

两天的高效课堂拉练学习，看到了敖汉旗四所初中课改有效的做法，体会颇多。

一、全面支撑、密切配合是实现高效课堂的硬抓手

1. 教育行政部门对高效课堂强力推进是实现课堂高效的重要保证；

2. 业务部门对高效课堂的设计指导是实现课堂高效不可或缺的前提；

3. 学校管理团队的精心打造、倾力付出是实现课堂高效的核心；

4. 全体教师积极参与、鼎力支持是实现课堂高效的根基；

5. 家校联手互动、共同探讨施教是实现课堂高效的润滑剂；

6. 师生共筑共研共讨共做是实现课堂高效的助推器。

以上这些，拿捏在一起，形成合力，课改才有希望，结果定会出彩！

二、氛围营造、环境架构是实现高效课堂的催化剂

1. 营造理想的课堂气氛。施教中，教师努力构建民主师生关系，教师要"蹲下身子"与学生交流，"润物细无声"地影响感染学生，气氛就会融洽、活跃和民主，学生的"心理自由"会得到全方位释放、扩散……课堂实效就会事半功倍，无可限量。

2. 打造实用的班级文化。打造实用的班级文化，创设良好的育人氛围，对高效课堂的实施起助推作用。比如：教室走廊有学生亲手创作的"凡人名言"，完善教室内的个性化学生标语，充满激情，活力四射。班风学风，小组呼号，既朴实又睿智，既平淡又锐利，给学生带来启迪、感悟、激情和灵性。黑板妙用，人人都有"责任田"，人人都会有收获。

3. 营造师生合作氛围。要做好师师合作、师生合作和生生合作，通过正确意识引导师生，形成自然协作的师生文化，创设和谐的环境，让师生对学校有认同感和责任感，形成合力，促进师生文化由个体向自然合作发展（比如：丰收中学的师生共同大教研文化），以此来提升课堂实效。

三、新惠二中今后重点强化的课改内容

1. 在小组合作的深度和梯度上下功夫，求实求活求深；

2. 在学生习惯养成的常态和可持续上做文章，寻求自然快乐、状态上乘；

3. 在班级自主管理的严谨和坚持上求实效，要形成常态，走好程序，力求实效；

4. 在班级文化的特色和实用上求突破，做到班班有特色、组组有亮点、人人得赏识。

借拉练东风，扬帆起航，凝心聚力，用心去做，梦想总会成真！

〔2015年5月发表于敖汉教育网〕

第七篇　校园览胜篇

成绩是起点，荣誉当动力，未来的路还很长，我们必须奋斗下去，若你满足现在的成就，就窒息了未来；再长的路，一步步也能走完，再短的路，不迈开双脚也无法到达，相信：耕耘者的每一滴汗水都孕育一颗希望的种子！

四家子镇花园式学校建设
措施硬、效果好

　　敖汉旗四家子镇认真落实敖汉旗花园式学校建设规划,成立了以党委、政府分管教育的领导为组长的校园文化建设领导小组,制定了《四家子镇中小学校校园文化建设实施方案》。

　　为了真正把工作落到实处,他们采取了以下措施:(一)层层成立组织,责任分解到人;(二)包校包片负责,总校人员分工承包全镇中小学(幼儿园)花园式学校建设工作,指导督促工作的落实;(三)列入目标化管理考核之中,且占较大的分值;(四)采取激励机制,对在校园文化建设中工作较好的单位和个人进行表奖;(五)提倡师生自己动手,艰苦奋斗,不乱花钱,自己能做的事自己做。

　　各校在资金短缺的情况下,千方百计筹措资金,截至目前,全镇中小学(幼儿园)仅常青树一项共投资25000余元。

〔发表于《赤峰教育报》2000年8月第116期〕

闯关展特长

十月的秋意，栖息山区，遍地都是流金溢彩，在这成熟和孕育希望的季节里，敖汉旗四家子总校少先总队于10月9日举办了"青少年学生特长拓展大赛活动"，活动在庄严的国歌声中拉开了帷幕。

本次活动共有四家子镇十七个师生代表队参加了比赛，活动由知识问答、才艺展演、口语演讲三个环节组成，分个人展示、师生互动、大家参与三个阶段进行，每个参赛队都要连闯三关，每关均有分值，当场打分亮分表奖。

知识问答有新闻实事、天文地理、历史发展、学生言行、思想教育等诸多方面的小知识、小故事，抽签答题，一问一答，小赛手们谈吐自然，回答得体；才艺展演环节，台上歌声阵阵，舞姿翩翩，鼓乐声声；书法作品展示环节，笔画流畅，刚柔相济，煞有气势，速写临摹，手法娴熟，栩栩如生，功夫了得；口语演讲，提前布置，临场脱稿，准备充分，小赛手紧紧围绕爱国爱家、尊敬师长、关心集体等主题，侃侃而谈，主题突出，有时恰如涓涓细流，温雅而洒脱，有时似江河决口，呈一发而不可收之势，全场高潮迭起，掌声不断。

本次活动历时一天，经过赛手们紧张而有趣的角逐，有五个代表队脱颖而出，荣获本次特长拓展活动优胜奖。整个活动以发展学生特长，培养学生创新精神和实践能力为出发点，活动力求"实"字，突出"新"字，一改"俗"字，真可谓：闯关展特长，角逐共提高，活动开展得实在妙哉！

〔2000年10月发表于《敖汉教育督导报》〕

一场别开生面的"认亲"活动

5月29日上午，四家子总校会议室里热闹非凡，一场别开生面的"认亲"活动正在进行。

为了巩固"普九"成果，确保贫困学生不辍学，四家子总校采取了多种措施，想方设法帮助贫困学生解决上学无钱这一难题，眼前一幕，就是由总校牵头组织开展的一次"献爱心结对子捐资助学活动"。

这不，四家子双峰铁矿、闫杖子砖厂、安泰花炮厂、山咀花炮厂等四家民营企业分别与特困生王丹、田红芹、贾玉丹、王红丽四位同学结成了帮扶对子，并当即捐款（双峰铁矿1000元，其余三家企业各500元），献上一片爱心，企业人士表示：自己富了不要忘本，要回报社会，情系故里，对家乡教育的关爱是赤子的情怀，要与这几位贫困学生长期结成对子，帮助学生完成小学、中学乃至大学的学业。

结对子仪式上，救助方与被救助方的学生及家长亲切交谈，他们详细了解贫困生的学习情况，又驱车前往这几位贫困学生家中，问寒问暖，并鼓励学生们克服困难，发奋学习，立志成才，有困难找"亲戚"，一定帮助解决。

拳拳爱心，如缕缕春风；殷殷赤子情，似绵绵细雨，令在场的人们万分感动，许多人泪水涟涟。

〔2003年6月发表于《敖汉教育督导报》〕

职教园里育奇葩

　　林家地中学是北京第十一中学定点联谊校，2003年秋，该校又接受了北京第十一中学无偿捐助的价值20多万元的50台电脑及其他电教设备。

　　"林中人"为了科学有效地利用好这些设备，已经绘就蓝图，欲铺就职教发展"三步走"的新路。第一步，让教师们捷足先登，全员培训，在教师中掀起学电脑比技能的高潮，经过一段时间的自学和辅导，迄今，教师们已经初步掌握了电脑的基本操作技能，有的已经成为电脑高手了，为下一步培训学生奠定了坚实的基础。第二步，对初三学生进行职教分流。对一些考学无望而品德较好的学生进行电脑技能培训，使其掌握一技之长，为他们的将来发展铺路。第三步，欲通过上级主管部门的呵护与扶持，加之学校的自身努力，把电脑培训班办出特色，办出水平；与其他专业学校合作走联合办学之路，把此特色做强做大。

　　此举措益处有四方面：能够解决学校资金短缺这一燃眉之急，能够提升学校的知名度及社会影响力，能够有益于学校"控流防辍"工作，能够培养出专业人才、复合型人才，为当地的经济建设服务。但愿经过大家的不懈努力，"林中"这位有自身优势的深山闺秀，能够大大方方走出来，并一路走好。奇葩孕育，芳香四溢！

〔2004年10月发表于《敖汉教育督导报》〕

林家地中学举办 "3+1"
职教班开学典礼

9月17日上午, 敖汉旗林家地中学举办了 "3+1" 职教中专班开学典礼和初三学生家长见面会, 142名学生家长以及全乡八个村的党支部书记参加了会议。

会上, 林家地中学负责人作了题为《抓特色、建平台, 全面开创林家地中学职业教育工作新局面》的经验介绍。旗教育局韩国恩副局长、成职教股孙宝文股长分别讲话, 他们就当前的教育形势、学校的办学方向、职教的发展空间和社会需求人才等方面与学生和家长进行了面对面的交流座谈。职教中心副校长崔波同志就敖汉职教中心的办学条件、师资水平、服务保障及今后职教发展方向等进行了讲解说明。职教中心向林家地中学颁发了授权办学委托书, 同时, 又与学生家长签订了办学就业协议。

与会的敖吉和新地乡政府、总校以及中学的领导就职教分流和联办职教中专班的一些情况与林家地中学相关人员进行了探讨和沟通。

〔发表于《赤峰教育报》2004年11月第257期〕

林家地中学
召开初三学生家长见面会

近日，敖汉旗林家地中学召开了初三学生家长见面会，有200多名学生家长参加了会议。

会上，学校校长就近几年学校的办学水平、办学效益等情况向家长做了介绍。旗教育局韩国恩副局长、成职教股孙宝文股长先后讲话，他们就当前国家教育政策、学校办学方向、新型人才观、社会需求人才等方面与学生及家长进行交流座谈。旗职教中心王学峰校长就职教中心办学条件、师资水平、服务保障及今后职教发展空间进行讲解说明。

会上，还进行答疑互动，家长们提出了自己关心和困惑的问题，与会领导一一解答，会场气氛异常热烈。

会后，当询问家长们参加会议感受时，他们说："都听明白了，自己知道了孩子的升学和就业如何做了，以后这样的会学校要多开些。"

〔发表于《赤峰教育报》2006年5月1日第三版〕

勤工俭学看西荒

—— 贝子府西荒小学勤工俭学侧记

今年，贝子府镇西荒小学在勤工俭学工作中，规划早、措施硬、投入大、效益好。

1. 加大资金投入。今春，投资两万余元打深水井一眼，有效地解决了10亩蔬菜基地灌溉用水问题。目前，灌水整地已完成，种子化肥已购好（买种子化肥近5000元），择时播种。

2. 加强校园绿化美化建设。今春，西荒小学加强了校园绿化美化建设，栽树种草。投资4000元从外地购买了柏树、垂榆等风景树40多棵；又从学校自己的苗木基地里移植了"馒头柳"40多棵，价值2000多元。

3. 搞好育肥猪养殖。由于科学管理，经营得法，西荒小学每年都出栏育肥猪40多口。今年形势更加喜人，开学迄今，已出栏育肥猪4口，供师生食用。目前，学校有存栏育肥猪、母猪、子猪50多口。让学生花最少的钱，吃上最放心的猪肉。

4. 做好反季节蔬菜种植。三月的北方，乍暖还寒，冷气袭人，而西荒小学的蔬菜大棚里已是另一番景象：芹菜韭菜，绿色满棚，黄瓜柿子，花果飘香，低棵高秧，搭配套种，错落有致，长势喜人。学生开学就吃上了物美价廉的绿色食品。

5. 搞好蔬菜冬储工作。学校充分利用蔬菜储窖，备储各种蔬菜1万多斤，冬储春用，一年净差价1万多元。

6. 强化幼儿园管理。去年9月份，西荒小学成功创办了幼儿园，办园以来，收到了良好的社会效益和经济效益。今年春季开学，学生一举增至110人，分大中小四个班级，学校在学生管理费这一块就有一笔不小的收入。

多元化勤工俭学形式，缓解了学校经费不足问题，带动了学校各项工作的有效开展，成就了西荒小学今日的辉煌！

〔2012年9月发表于敖汉教育网〕

第八篇　思想创生篇

　　教育思想来源于实践，实践又创生了教育思想。做一个有思想变革的参与者，要守住自己的教育思想底线，不人云亦云，不抱残守缺，不做一个简单的模仿者，要做一个有思想的创建者，做一个教育的践行者，教育的明天会更加美好！

农村中小学素质教育改革现状与对策

中小学教育改革已迈过了许多年头, 在不断的探索中已经明确了基础教育改革的方向是以提高学生素质为目的, 以培养中小学生的创新精神和实践能力为重点。同时, 已经形成了一些新的教育教学理论和方法, 并将其运用于课堂教学, 这是令人欣喜的。但是, 从教改的广度和深度上看, 农村中小学还存在着与素质教育要求相违背的现象, 主要表现是:

其一, 素质教育下, 考试制度急待完善。考试, 历来就是教育教学过程中的一个重要环节, 很难设想完全不考试的教育会是什么样。学生学的知识如何, 教师的教学效果如何, 不通过检测又怎么衡量呢? 实践告诉我们, 不考试或者考而没任何约束时, 无论教和学效果如何, 都不可能调动师生教和学的积极性, 因此也就谈不上任何素质了。

我们已经认识到"应试教育"妨碍了人才素质的培养, 但不能因此而得出不考试的结论。笔者认为素质教育同样需要考试来约束。考试的毛病就出现在考试的形式和内容上, 考试具有检测作用这一点无可非议, 可是考试反作用于教育教学的其他过程, 却被许多人忽视了。如何考决定了相应的教法, 考什么决定了教什么。如果教的人考学的人, 那一般就只有检测作用, 奈何如今的考试远非如此。学校组织的考试, 教育主管部门组织的各种统考, 可能也只顾检测作用, 而未考虑对教学的反作用, 未顾及学生的全面素质的提高, 只求以一个卷子分数定调罢了。况且, 无形中已把学生分数和升学人数多少作为检测教师和学校的必要手段, 进而为了使卷面的分数产生人为的差别, 标准化考试正"日臻"完善, 学生千差万别的创造性思维就这样被扼杀了。

其二, 教改过程中, 教师观念有待更新。不少教师谈起教改, 也并不否认教改的必要性, 可往往话锋一转抱怨学生的基础差, 总觉得讲课时说不到，说的少，学生就可能不理解学习内容，放的开又怕收不拢，致使教师课上"满堂灌"，学生被动听，学生听的倒不少，而真正掌握的并不多，学生机械接受，识记不持久，难以巩固。教师越觉得学生基础差，就越认为教改有困难而不敢进行大胆改革，致使教学改革困难重重。究其原因，也就是教师思想观念陈旧，对自己的主导作用和学生的主体地位认识不够，执行力不强。

其三，家庭教育中，榜样的作用有待强化。家庭教育是培养人才的基础，造就一代新人茁壮成长的摇篮。可是，在农村，由于家长的认识水平、思想观念等方面的差异，出现了一些"重智轻能""重养轻教""重分轻能"的现象，忽视了非智力因素的培养和做人教育，有的家长"望子成龙"，于是不惜牺牲一切，不管时间怎样流逝，空间如何转换，只求孩子念好书，其他一概不用孩子去做；有的家长认为自己不识几个字，可照样能赚钱，于是让孩子过早地步入社会，出现了小小年纪奔走市场，知识不多闯荡"江湖"的怪现象；有的家长溺爱孩子，对孩子惯养迁就，上学有人送，放学有人接，对孩子的奢求，家长百依百顺。长此以往，那些纯真的心灵变得扭曲，失去平衡。由此可见，不健康的家庭教育，严重腐蚀孩子们的心灵，促使他们走向畸形。

不难看出，农村中小学教育改革现状与当今高速发展的社会需求还不相适应，旧的"应试教育"观及教师观念陈旧、家庭不良教育等都会阻碍农村基础教育的改革。基础教育的培养目标是使儿童、少年、青年在德、智、体、美等方面全面发展，从这个培养目标出发，确定教育内容，选择教育方法，对教师的素质提出要求，对教育行动整体进行评估。同时，我认为学校是实施素质教育的主阵地，是培养人才的教育主体机构，在对受教育者产生教育影响的诸因素中，教师又是最关键的。学生的素质提高，必须建立在教师素质提高的基础上。鉴于上述情况，笔者提出如下对策：

一、提高认识，更新观念

首先，要正确认识转轨时的智育地位。根据素质教育的要求，必须突出德育为首、"五育"并举的策略，"为首"是因为德育是灵魂，它决定了人才的"质"，"并举"是因为"五育"不可偏废，不可替代，它们共同构成了素质教育下人才培养不可或缺的内容。尤其是从片面追求智育的"应试教育"向素质教育转轨时期,正确理解素质教育下智育的内涵,确保教改向素质教育方向健康发展是极其重要的。智育是以系统科学知识和技能武装学生,发展学生智力的教育。由此看出,智力水平是由教师引导下学生获得的知识和技能决定的,而基础知识和基本技能主要来源于"双基"教学,基础知识本身不是能力,但它是能力的基础,学生正是在学习和掌握知识过程中逐渐形成其素质,而基本技能一旦形成,学生也就基本具备了学会做人、学会求知、学会劳动、学会健体和学会审美等这几方面的素质。学生素质提高了,又反过来加快基础知识的掌握和基本技能的形成。同时,以发展学生智力为根本任务的智育与"应试教育"下片面注重应试能力培养,以求得在升学中获得高分的智育是截然不同的,提倡素质教育并不是削弱智育培养和放弃"双基"教学,而是在加强"双基"教学的同时,强化智育水平的培养。再者,智育是一种综合能力,这些能力一旦被学生获得,无形中会渗透到德、体和美等方面能力培养之中,因此,在目前向素质教育转轨时期,更需明确智育的根本任务,促进教育改革,优化课堂教学,使学生主动自主发展,提高学生的综合素质。要正确认识学生的能力,正常人潜能是不可估量的,由于所处的环境不同,其才能展示也不尽相同,在课堂教学中教师要充分挖掘学生的智力潜能。要正确认识学生的心理素质,不同学生有不同的心理素质,教师应因材施教,充分发挥智力因素的强力作用,来满足学生自身发展的要求,向课堂四十五分钟要效益,努力提高课堂教学质量。

二、学习理论,探究教法

常言道:"名师出高徒。"按素质教育的人才标准,"高徒"就是德、智、体、美、劳全面发展的"四有"新人,这就要求"名师"用"流动水"来满足学生"一碗水"的需求,教师不仅要精通教材,还应具有熟练驾驭教材,创设良好教学氛围的能力,以满足学生发展的要求。假如演员只会背台词,就难以激发观众的欣赏兴趣,无法与观众产生共鸣,教师的课堂教学也是同样的道理。所以,在教育教学中,切实需要坐下来,认真学习教育教学理论,不断探究教法,要取人之长,补己之短,并在实践中用来指导教学,达到学以致用的目的。但是,教无定法,学要得法,不同的教育者和受教育者素质有差异,这就需把好的教法与实际相结合,适用则用,否则就改,改中创新, 以达到最佳效果。我们要在学习和探索中逐渐形成真正属于自己的教法, 这样教师的主导作用和学生的主体地位就会很好地体现出来, 从而使学生的心理品质在潜移默化中得到培养锻炼, 学生的综合素质和能力就会得到大幅度提升。

三、正视现实, 积极改革

时下, 尽管"应试教育"的思想在很大程度上支配教育行为, 但素质教育的思想正逐步深入人心, 基础教育改革的社会大氛围已经形成。在此背景下, 广大基础教育工作者应有创新精神, 脚踏实地地迈好教改每一步, 实实在在地步入教改行列中。首先, 要转变教育观念, 建立合理的教育评价机制。倡导"以学生发展为本"的理念, 关注学生行为习惯养成教育; 大胆进行课堂教学改革, 坚决杜绝过于追求形式而忽视教学效率的现象。其次, 要整合教育资源, 实现教育均衡发展。按相关规定, 实现规范化办学, 通过合校并点渠道, 进一步整合优化教育资源, 使教育获益最大化。当然, 要改革, 求进步, 难免会遇到困难和挫折, 我们要积极面对, 总结反思, 不断前行。

我们相信, 有上级教育行政部门的正确领导, 有广大基础教育工作者的不懈努力, 有社会仁人志士的鼎力支持, 我国农村中小学素质教育定会开花结果!

〔2005年发表于《敖汉教育督导报》〕

撤校并点的喜与忧

十年的撤校并点, 的确给一个地区尤其是农村的教育带来了深刻的变化, 然而 "一场欣喜" 过后, 各种问题正凸显出来, 忧亦随之而来。为此, 应理性地思考, 利弊多少? 成功与否?

一、撤校并点的优势

1. 集中办学有效优化教育资源, 尤其教师资源得到合理配置。

2. 集中办学, 集中财力物力, 有效改善了办学条件, 尤其是现代化教学设备得到落实和有效利用。

3. 集中办学节约了地方政府, 尤其是县级政府的财政支出。

4. 集中办学开阔了师生视野, 陶冶了学生情操, 有利于师生发展和成长。

5. 集中办学有利于提高教学质量。学生多、教师多、平行班多, 有利于教师进行横向参比教育教学质量。同时, 也为校本教研开展提供了广阔平台。

6. 集中办学增加镇区人口数量, 拉动了小城镇建设, 提升了小城镇建设的品位。

二、撤校并点的忧虑

1. 规模扩大, 增加了管理难度, 管理水平亟待提高。学校集中后, 一些学校的班级变成了 "巨无霸", 个别班级学生多得连课桌椅都摆不下, 给学校的管理和教育资源分配等方面带来巨大难题。另外, 条件相对较差的农村寄宿制学校, 由于学生人数多, 学校资源不充足, 学生吃、住、玩等基本条件都无法保障, 几十名学生住在一个 "大桶子屋" 的现象并不鲜见。同时, 年龄太小的孩子住校学习, 生活难以自理。因住宿学生增加, 教职员工也承担了大量本该由家长承担的养教义务, 精神压力过大。

2. 学生上学困难，增加了家庭负担，辍学者反而增多。原本就在近处或本村上学，由于国家"两免一补"救助以及各项补助增多，学生上学花不了多少钱；而集中办学后，学生离家远了，吃住在校，这样一来，交通费、伙食费等无形增加，给家庭带来沉重经济负担，从而导致学生辍学流失。

3. 集中办学，学校安全隐患增多。学生多，情况杂，学校安全管理难度加大。农村寄宿制学校条件不达标，住宿条件较差，饮食安全等方面也存在隐患。尤其校车事故频发，学生乘车安全不容小觑。

4. 过早寄宿，导致学生亲情教育缺失，有的学生养成一些不良习惯，不利于学生的成人成才。

并校十年，喜忧均有，好坏分存，要权衡利弊，趋利避害，真正走出一条适合学生、家长和教师需求的教育发展和改革之路。

〔2009年发表于敖汉教育网〕

治校之道在"三立"

振兴教育，希望在教师，关键在校长，校长是学校的核心和灵魂。作为一校之长必须本着为教育"干实事、出实招、求实效"的原则，做到以人为本，以德立校，以勤治校，努力提高教育教学管理水平。

一、立本

立本就是以人为本的管理，也称人性化管理、情感管理。它是把师生当作服务对象而不是奴役对象，将自己置于同师生完全平等的位置，对师生给予柔性化的、具有人情味的鼓舞和激励。

它的恰当运用，能促成人与人之间形成共同的信念和价值取向，能创设师生同乐、和谐相处的校园环境。笔者认为人本管理应主要做好以下几点：

善待师生，以情感人。对待教师应建立在充分尊重、充分信任的基础上，特别注重情感投入。绝不能只靠简单的行政命令去做工作，只有以己之心换人之腹，教师才乐于接受，乐于奉献，乐于创造性地完成教育教学工作。

记得我在中学任校长时，学校有两位年轻教师从小养成了懒散随便、不求进取的坏习惯，学校并没有对他们采取强制手段，而是经常与他们谈心，了解原因，处处体贴，关心备至，晓之以理，动之以情，理解他们的内心感受。时间长了，他们思想进步了，工作积极了，一学期下来，便进入了先进教师行列。

平时，为了解教师办公情况，喜欢到教师办公室走走看看；为了解师生生活情况，经常到师生食堂尝尝验验；为了净化校园，不时弯腰捡起地面上的果皮纸屑，以实际行动感化师生，用自己的真心换取教师对工作的支持。

管理必须融入心田、行之有效，要淡化统治、压制束缚的强制色彩，油然而生的是平等、民主的生命活动。校长应该把以人为本植根于心间，从自身和身边小事做起，彰显人性魅力，体验快乐人生。

真诚相待，关爱他人。管理学生要真诚，管理学校要坦诚。人非草木，孰能无情。当你用真诚对待别人时，别人也会用诚心回报你。孟子曰："君子视臣如手足，则臣视君如腹心……"古人尚且如此，如今又何乐而不为呢？管理的一个重要目的就是让人与人和谐相处，而坦诚关爱则是和谐相处的润滑剂。学校早晨8：00上课，我每天都是7：30准时到校签到，教师见我来得这么早，也都自觉提前到校，即使偶尔有晚来的，也提前请假，说明理由。学校有两位女教师孩子太小，偶尔来晚一次，我总是面带微笑风趣地说："孩子睡懒觉不起来吧。"听我这么说，她们内心颇为感动：来晚了校长非但没斥责，反而安慰自己。此后，为准点上班不迟到，她们每天都早起做饭，照顾好孩子，这就是情感管理的效应。教师心中有杆秤，管理者对他们以诚相待，他们就会真心回应，"不用扬鞭自奋蹄"。

激发自尊，鼓励他人。学校管理者，要善于维护和激发教职工的自尊心，绝不能轻易否定他们的闪光点，要把"赞美"这份厚礼及时相赠。当学校某个人的做法正确与否引起人们争议时，作为校长，首先要认真鉴别，只要其出发点是好的，有可取之处，就适度给予肯定，让其充分发挥自己的特长，更加努力工作。

教师重声誉，重感情，渴望自己的工作得到校领导的肯定和重视，校领导要根据个人的业绩进行恰如其分、发自内心的表扬，这样将有利于工作的顺利开展。反之，不分轻重，时时处处的表扬只能使人感到虚伪，使表扬成了"廉价的漂亮话""庸俗的老一套"，失去了应有的激励作用。

当教师有过错时，校领导批评要注重场合，讲究艺术，因人而异；切不可感情用事，大会批、小会说，损其形象，伤其自尊。最好的方法是私下里与其交谈，互相沟通，指出不足，提出要求和目标，让其心服口服，乐于接受。

教师不同于机器，其工作也不是机械运动。他们的活动轨迹千变万化：情绪愉快时，即使工作再繁重也无怨言；当心境不佳时，哪怕举手之劳也要计较。校长要时时鼓励教师爱岗敬业，创设和谐的人际关系，营造融洽的教学氛围,取得最佳的教学效果。

民主管理,平易近人。依靠教师,尊重教师,将教师吸引到学校管理中来,是办学取得成功的法宝。校长必须有高度民主作风,善于团结大家共同探讨,努力工作,还要经常深入到教职工中,把管理工作从办公室、会议室做到宿舍里、饭桌旁,和他们交心结友,及时把握其思想脉搏。学校有一位教师一度精神不振,思想消极,经了解得知该教师因家庭关系不融洽而忧郁成疾。我一方面派人调解矛盾,带他到医院检查治疗,另一方面安排人陪他参加文体活动,启发开导,使他恢复了健康,精神饱满地投入工作中。

校长应当清醒地认识到,学校管理是一项复杂的系统工程,教书育人是创造性的劳动,如果没有大家的同心同德,群策群力,就不会有教育最佳效果。

校长要善于听取各种不同意见,相信别人,尊重别人,平等待人,决不能自视清高,目中无人,要集思广益,多谋善断,这样才能实现有效管理。

当然,强调人性化管理,并不否定强制手段,要因人因事而异,要柔韧处有刚直,刚毅中有柔性,刚柔相济,相辅相成,方可奏效。

学校管理者,应做教师的良师益友,要以德感人,以绩服人,以心暖人,以情动人。寓"情感管理"于实际工作中,就会产生"随风潜入夜,润物细无声"的效果。我相信:你的心在哪里,你的管理就在哪里获得成功。

二、立德

德乃立人之本,成事之魂。在管理不断民主的今天,要当好一名校长,必须加强自己的品德修养,用自己的人格魅力感召人,治校先立德,育人先育德。校长在工作中要不存私心,严于律己,宽以待人。要容人之过,纳人之短。水至清则无鱼,人至察则无徒。对他人小过,要心宽。宽小过,总大纲。相反,吹毛求疵,就会失去恢弘气象,这样是最易失掉人心的。

你把别人想象成"天使",你就会遇到"天使";你把别人当成"魔鬼",你就会时时碰到"魔鬼"。如果你始终用怀疑和排斥心态对待下属,那么他们也会用同样的手段来对付你。管理者只有做到宽宏大度,容人以德,才能受尊重。

正己以立德。正人先正己,校长要规范自己的言行,光明磊落,坦荡无私，淡泊名利，摒弃私欲，行得端，做得正，高风亮节。己正则德立。

修道以立德。校长要讲政治，讲正气；要弘扬真善美，抵制假丑恶；要多磨事，少磨人；要笃行正道，不走歪道。道修则德立。

养性以立德。戒骄戒躁，静心安神，修身养性，对校长来说尤为重要。校长要善于从俗情琐事中跳出来，少搞歪门邪道，多钻研教学业务；少交几个佞人，多交几个文友；少点官宦习气，多些君子风范。修身养性，锤炼情操。

三、立勤

勤俭乃立业之基。"业精于勤，荒于嬉"。校长要克服工作中"嬉"的因素，把"勤"字当头。首先是勤于学习，不断提高自身修养和理论水平，做到理论先进，认识超前，学识渊博。还要勤于观察，经常深入到校园各个角落、各个部门、各种人群，了解情况、发现问题、倾听意见。更要勤于实践，不扯皮，不拖沓，不敷衍，不推诿，不仅及时提出问题，更要及时解决问题；不仅脚踏实地，更要雷厉风行；不仅目标远大，更要工作勤勉。要勤于思考，既能看到现象，又能想到现象背后隐藏的问题；既要把握工作时机，又能洞察发展方向，想别人未曾想，想别人不敢想，才能立大业。校长做事要以勤为本，当一天和尚撞一天钟，得过且过，不求有功，但求无过的思想作风坚决要不得，校长要立俭戒奢。

"三立"并举，方法得当，学校管理工作定然会求得实效，获得成功。

〔2009年6月发表于敖汉教育网〕

学困生形成原因及转化对策

学困生指行为、学习成绩、智力发展等方面低于合格水平，存在问题或缺陷的学生，在应试教育向素质教育转轨的新形势下，转化学困生是每位教育工作者义不容辞的责任。

一、学困生形成的主要原因

（一）自身因素

1. 学习基础较差。俗话说"万丈高楼平地起"，学习亦然，基础未打好，学习就吃力，久而久之，成绩愈来愈差，愈差愈不愿学，导致恶性循环。

2. 学习方法不当。"工欲善其事，必先利其器。"要把事情办好，必须首先寻找和掌握正确的方法。有的学困生平时苦拼苦学，加班加点，可成绩总是不佳，原因是他们只满足于"学会"而不"会学"，没掌握正确的学习方法，考试频频失败。于是学习无兴趣，慢慢掉下队来。

3. 自身性格因素。有些学困生性格内向，其注意力和兴趣都集中于内部世界，行为孤僻，不善于交往，意志力薄弱，经不起他人的蛊惑而做出违背公德或违反纪律的事情，产生严重的狭隘、忧郁、自卑的病态心理或有一些过激行为。

4. 自尊心受挫。学生的自尊心是使学生积极向上，努力进行自我规范、自我教育的内在动力。而有些学生往往因做错了事挨老师不恰当的批评，同学间的无意讥讽，家长不明真相的辱骂等，使他们的自尊心受到严重损伤，于是自暴自弃。

5. 生理存在障碍。如今在校的中学生，正处于第二次快速生长期向生长稳定期过渡阶段。此时身体对个性的发展有全面影响，既有积极向上因素，又有消极的心理活动，有些学生对自己的心理变化无正确认识，不能处理现实与理想的矛盾,致使消极心理活动增强,看不到自己的长处,认为自己不可救药,比他人矮一截,破罐子破摔。

（二）家庭因素

家庭是社会细胞,是一个人学习、生活的主要场所之一,家庭环境对人思想行为的影响非常大。

1. 家长对孩子的期望值过高。"望子成龙""盼女变凤",对家长来说是无可厚非的,然而有些家长对孩子的期望有一定的片面性。他们只注重学习成绩,其他的不闻不问,孩子在考试中偶有失误,便横加指责,给孩子造成了沉重的心理负担。随时间的流逝,孩子的自信心开始动摇,自我期望也随之变化。

2. 家长不尊重孩子的人格。家长应对子女进行耐心说服教育,不搞"家长制"教育。有些家长对孩子的教育简单粗暴,不尊重孩子的人格,不讲民主,常用呵斥、讽刺、挖苦、体罚等方式来管教自己的孩子。家庭对孩子教育方法不当,言谈举止过偏,最终把孩子逼上了下坡路。

3. 家庭环境影响。家庭环境对孩子的影响是直接的。古人云:"近朱者赤,近墨者黑。"有些家庭对孩子人生观、社会观、价值观不给以正确引导,孩子无正确人生发展目标,学习缺乏动力。家庭成员间也关系紧张,常因鸡毛蒜皮之事吵闹不宁,孩子感受不到家庭温暖,对家庭厌烦恐惧,意志消沉,学习没劲,成绩不佳。

（三）社会因素

社会为学生成长提供了广阔的空间,如不加以正确引导,就会引起学困生心理失衡。

1. 不健康的传媒。高尔基说"读一本好书就如交上一位知心朋友",反之亦然。青少年学生对情趣低下的图书、影视等缺少免疫力,易受其影响,养成一些不良习惯。

2. 不良的社会风气。社会上一些不正之风,如拜金主义、忘恩负义、以权谋私、请客送礼等现象都会毒害学生心灵,使一些学生"雾里看花",认识模糊,偏信偏听。

3. 新的"读书无用论"。由于社会在某些方面存在不合理现象,新的"读书无用论"又有所抬头;有的家长不识几个字,可照样能赚大钱,导致家长轻视读书, 轻视知识, 任其孩子自由发展, 不闻不问。

二、学困生转化的有效措施

1. 施以爱心, 以情育人。前苏联教育家苏霍姆林斯基曾说: "情感如同肥沃的土地, 知识的种子就播在这片土壤上。" 也就是说, 教师要想使一名学生从无知到有知、从知识甚少到知识甚多, 就应当把学生当作自己的子女看待, 赋予慈母般的感情, 以情育人。在施爱过程中, 坚持以教师为主导, 学生为主体的原则。教师要正确引导学生, 鼓励他们对未来充满信心, 教师要走近他们, 了解他们, 充分信任他们。

2. 施以耐心, 因人而异。对学困生的转化, 要有耐心, 因势利导, 实行"期待教育"。要因人而异, 有的放矢, 有些学生可实行直接的批评教育, 而有些学生要实行暗示批评法, 批评对事不对人, 才会达到预期效果。

3. 持之以恒, 循序渐进。学困生心理障碍的产生, 不是一朝一夕的事情, 解决问题的方式不能简单粗暴, 应当遵循心理发展规律, 和风细雨, 循序渐进, 使他们心理压力减少, 达到消除心理障碍的目的。让他们树立正确的人生观, 勤奋学习, 脚踏实地, 用奋斗的汗水铸就自己成功的人生。

4. 严爱结合, 双向沟通。班主任要多关心学困生, 要爱护他们, 多与他们谈心, 以一颗爱心去感化他们, 多给他们创造锻炼展示的机会, 使他们觉得大家可亲可爱。同时, 对他们要求更要严格, 只有这样, 他们才会真正接受并"内化"到行动上; 批评要采用"梯级式", 将问题分成若干小问题, 使他们有一个缓冲余地, 减少刺激, 逐渐提升。

5. 建立友谊, 相互帮助。由于学困生自卑心理严重, 与学优生交往不敢"高攀", 但结交知己, 是中学生共有的愿望, 班主任老师应有意识、有目的地安排他们多接触、多沟通, 结成帮扶对子, 开展"一帮一"活动, 帮助学困生解决学习和生活上的各种困难和问题, 激发其学习动力。

6. 开展活动, 发展特长。积极开展第二课堂活动, 知识和兴趣相结合, 以满足学生的爱好, 激发学生的学习兴趣, 发展学生特长。学困生接受文化知识比学优生困难, 但他们也有自己的爱好和特长, 学校建立音、体、美等各种兴趣活动小组, 以此来展示他们的才华, 发挥他们的优势, 让他们看到自己的闪光点, 展示比别人更强的一面, 从而消除自卑感, 增强自信心。

7. 言传身教，树立榜样。俗语说："文人的孩子早识纸笔，木匠的孩子早识斧凿。"家长要给孩子应有的影响，要学知识，多读书，多看报，给孩子树立榜样，"身教重于言教"。

总之，素质教育的意义就是面向全体学生，使其全面发展，而转化学困生的过程就是落实"两全"过程，也就是变应试教育为素质教育的过程。为此，我们教育工作者务必要把转化学困生工作作为头等大事来抓，抓好落实，抓出成效。

〔2012年10月在全旗教育"转差"会上的发言材料〕

农村教师队伍建设亟待加强

加强农村学校教师队伍建设,培养高素质的师资队伍,是提高农村教育教学质量的有效措施,也是改革和发展农村教育的根本大计。然而,就目前农村教育现状而言不容乐观,尤其是教师管理、教师队伍建设等方面存在诸多的问题,值得商榷。

一、存在问题

1. 教师整体素质偏低。近年来,随着教育的改革和发展,农村中小学教师素质有所提升,但由于教师来源复杂(民转公、非师范类、师范类、政府分流等),素质参差不齐,教育观念落后,知识趋于老化,方法更新较慢,难以适应现阶段教育发展的需求。

2. 教师结构矛盾凸显。教师整体结构基本趋于合理,但个别存在着学科结构、年龄结构等不合理现象。有的学科教师超员,而英语、计算机、综合实践活动等学科师资匮乏,专任教师所教学科与所修专业不对口。特别是农村中小学教师年龄结构失衡,老龄化严重,存在"爷爷奶奶教小学"的现象,师生沟通有障碍,学生潜能不能有效开发,难以实现学生全面发展。

3. 教师分布不均衡。大多数地区教师总量超编,尤其城镇学校和乡镇所在地学校教师普遍超编,而一些农村学校缺少合格教师,特别是村小、教学点合格教师缺口更大,甚至个别村小、教学点出现"一人包班"现象,教师工作虽然辛苦,但质量却难以保证。

4. 教师队伍不稳定。由于城乡差别、办学条件不均衡,导致教学环境、工资福利等方面的差别,出现了教师从薄弱校到重点校、从农村到城镇、从贫困地区到相对发达地区的无序流动,不难看出流动的主体大都是高学历、中青年骨干教师,从而导致一些农村地区教师数量不足,整体水平下降,最终教育质量下滑。

5. 办学条件有待改善。近些年来，农村学校办学条件有所改善，但与城市学校相比仍存在差别，个别地区学校教师仍是一支粉笔、一本教材、一张嘴巴应付教学。学校经费只能保持正常运转，办学条件无力改善，教师负担过重，外出学习较少，素质难以提高。

6. 管理制度不健全。其一，"以县为主"的教育管理制度仍需完善，教育行政部门应对教师统筹管理，师资优化要落到实处；其二，学校管理队伍的现代办学管理理念、依法治教观念、规范办学行为等趋于弱化，难以提高办学实效；其三，学校评价机制、激励机制、能上能下及能进能出的流动机制还亟待完善，不合格人员无法分流，占据了原本就吃紧的教师岗位编制。

二、建议及对策

1. 深化人事制度改革，调整优化师资结构。深化"以县为主"的教育体制改革，确立教育行政部门对校长及教师的绝对管理，合理调配校长及教师，使其发挥最大效能。全面推行教师聘任制、绩效工资制，严把准入关，能者上庸者下，淘汰业务素质和师德修养较差的教师及其他人员。

2. 实行教师城乡交流制度，促进师资合理配置。鼓励城镇教师到乡村任教，建立"校对校"定期交流制度，重点加强对薄弱学校的建设和扶持，尽量做到教育公平。

3. 强化教师培训，提高教师整体素质。以新课改为契机，采取多种形式培训教师，注重目的性、激励性、连续性、实效性，千方百计提高教师内涵素养。

4. 加强学校班子建设，提高班子成员战斗力。加强学校班子建设重点是"四抓"，即抓导向，统一思想认识；抓制度，提高工作效率；抓落实，做到政令畅通；抓管理，实行责任到人、分层管理、各负其责、分工合作，从而增强班子的向心力和战斗力，做到事事有人抓。

5. 提高农村教师待遇，改善工作生活条件。建立和完善各种机制，激励和吸引优秀人才到农村任教，稳定农村贫困地区教师队伍，优化农村教师队伍结构。

让我们携起手来共同关注农村教师队伍建设，改善教师待遇，提高教师素质，为农村基础教育健康快速发展奠定坚实基础。

〔2012年4月发表于敖汉教育网〕

文化是学校的灵魂

文化是一种力量，文化是一种情怀，文化是一种影响，文化是一种温暖。我认为，文化更是学校腾飞的翅膀、学校的精神和学校的灵魂。四天的学校文化建设拉练观摩会，走遍了敖汉旗各级各类学校四十余所，欣喜地看到一年多来学校在文化建设上大兴起、大发展和大变化，可以说成绩多多，感悟颇深。

一、学校文化建设成效显著

物质文化是基础。物质文化重在强基，利在育人。物质文化是践行的载体，也是学校文化建设的支撑。本次拉练观摩各校，给与会者耳目一新的感觉，文明清静的校园环境，功能齐全的教学设备，实用美观的主体建筑，师生共创的廊道文化……这些看得见摸得着的东西，为师生开展寓教于文、寓教于乐的教育活动提供了重要文化阵地，为师生陶冶情操、塑造美好心灵开拓了精神家园，使师生教有其所，学有其所，乐有其所，美有其所。

精神文化是灵魂。精神文化是学校文化的核心，也是校园文化的最高层次，是一个学校本质、个性和精神面貌的集中反映。全旗各校均不同程度地稳中有升，校风建设感染力强，教风建设严谨高效，学风建设积极向上，人际关系融洽默契，班子建设凝心聚力，到处呈现一派以校为本、催人奋进的校园精神文化风貌。

制度文化是保障。制度文化是学校文化的内在机制，具有固本增效作用。"没有规矩，不成方圆"，只有建立完善的规章制度，规范师生行为，才能保证各项目标的开展和落实。制度文化重在突出人本管理，而文化管理是学校管理的至高追求，以人为本的文化管理应做好以下几点：善待师生，以情感人；真诚相待，关爱他人；激发自尊，鼓励他人；民主管理，平易近人。让管理深入人心,形成文化,使各项制度的执行变得自觉和容易。

课程文化是核心。课程文化是一种系统工程,它的主要作用是提质增效。而学校课程设置是植根于学校各方面工作之中,而不是孤立存在的。本次拉练检查,有幸参与了几个学校个别学科的开放课堂,看得出大家都在传统与现代教学模式相结合中尝试和创新着行之有效的教学方式,并求得理想的课堂质效,在这种背景下,以校为本、以生为本的校本教研教学方式正在发挥着不可替代的作用,并富有强大生命力。

二、学校文化建设值得反思

学校文化建设是一种氛围,一种精神,是学校发展的灵魂,是凝聚人心,展示学校形象,提高学校文明程度的重要体现。学校文化是一所学校综合实力的反映,也是提高学校品位的重要渠道。优秀的学校文化能赋予师生独立人格,独立精神,激励师生不断反思,不断超越自我,不断创造奇迹。敖汉旗学校文化建设也凸显以下几方面的不足:

(1)各校对学校文化建设学习不够,认识不清,目标不明,行动不利,文化层次参差不齐;

(2)学校文化建设只停留在物质层面上,缺乏深层内涵,未形成核心理念;

(3)各校缺少办学特色,教育管理机制不新,学校文化活力不强。

观察各校,反思自我,我们借拉练之机,冷静思考,找准切入点,真抓实干,开拓创新,努力把学校文化建设这一要事做实做好。

〔2013年4月发表于敖汉教育网〕

把读书"自主权"还给学生

近年来,语文教学重视了学生课外阅读,增大了学生课外阅读量,但也仍有一部分教师课改观念不强,旧的读书模式仍占据主导,制约着语文教学质量的提高,笔者认为应注重以下几方面:

一、读书方法不定

读书并无定法,这是人人都明白的道理,可现实中人们又往往不这样做。一提到读书就让学生摘抄名言佳句,写读书笔记等,做法无可厚非,但读者必须心之所至,用心去读,否则收效不佳。读书须明其大意,得其要领,而不在一词一句上搞微言大意。指导学生读书,不必大搞方法论。读书千变万化,唯"读悟"才是上法。

二、读书范围要广

课外阅读应具有开放性,有利于开阔学生视野,扩展知识面。具体读什么书,怎样读书,应由学生自己决定,鼓励学生积极地有选择地去读书。教师的作用体现在"导"上,而不是"禁"上,要与时俱进,兼收并蓄,博采众长。

三、读写结合要恰当

学生读几本书,教师就企盼学生写作能力立即有所提高,这不符合语文学习规律,属于思维错位。学语文是慢功,语文能力培养是一个缓慢过程,绝不可一蹴而就。教师在指导学生读书时,不要把读写结合得太紧密了,否则学生只能抄写、仿写,篇篇一律,事倍功半。"读书破万卷,下笔如有神",书读多了,久而久之,也就笔下生辉了。

总之,在课改中,教师要解放思想,放开手脚,遵循感知、理解和运用的认知规律,把读书"自主权"真正还给学生,语文教学定会大放异彩。

〔2013年6月发表于敖汉教育网〕

学校精细化管理之我见

——参加敖汉旗初中教育发展调研感悟

　　精细化管理是一种学校管理理念，它是以制度为本，以务实为基，平时把常规工作用心做好，用心做细。老子曰："天下难事，必做于易；天下万事，必做于细。"也就是说，做事应从简单做起，从细微入手，方可取得实效。为此，笔者认为学校精细化管理必须做好"五注重四抓好"。

一、五注重

　　1. 注重制度管理。叶圣陶老先生曾说："管理就是使其养成习惯，而习惯的养成离不开制度。"制度为基，以人为本。首先，注重制度的目的性。要围绕学校总体目标，分项立制，要相互促进，有效调控，有序进行。其次，注重制度的可操作性。制度有了，不要流于形式，更不能假大空，缺少实际，而要注重实效。再次，注重制度的稳定性。制度一旦建立，不宜轻易改变，朝令夕改要不得，但要不断完善，与时俱进。为此，学校的精细化管理必须建章立制，规范流程，用制度管事，用制度育人，做到管理高效。

　　2. 注重情感管理。情感管理也称人性化管理，以人为本的管理，它是把师生作为服务对象，而不是奴役对象，是对师生给予柔性化的、具有人情味的鼓舞和激励，从而达到最佳质效。以人为本的恰当运用，能促成人与人之间形成共同的信念和价值取向，能创设师生同乐、和谐相处的校园环境。它要求做到：善待师生，以情感人；真诚相待，关爱他人；激发自尊，鼓励他人；民主管理，平易近人。学校的管理者，应做师生的良师益友，要以德感人，以理服人，以心暖人，以情动人，寓"情感教育"于实际工作中，就会产生"随风潜入夜，润物细无声"的效果。相信你的心在哪里，你的管理就在哪里成功！

　　3. 注重过程管理。过程管理是达成目标的重要环节，要强化过程监控,注重管理流程。在管理过程中,随时管理,随时反馈,随时总结,随时发现不足,对症下药,扬长避短,有助于更好地实现管理的精细化。另外,管理过程决定管理结果,管理的好坏也来自管理过程的精细化程度,要把结果与过程有机统一,才能提高管理效能。

4. 注重责任管理。精细化管理最根本的是人的管理,抓住了人的责任管理就抓住了学校管理的"牛鼻子"。要责任明确,目标明确,考核明确,奖惩明确,做到时时有人在,处处有人管,事事有人抓,这样就做到了管理的精细化。

5. 注重民主管理。民主管理是学校精细化管理的有效方法之一,也是教育深化改革、全面发展的重要保障。首先,实行民主管理有利于管理决策完善。"智者千虑,必有一失",要吸收教职工参与学校的决策,集思广益,纠正偏差,吸取智慧,充分调动教职工工作积极性,各项管理和决策才能落到实处。其次,实行民主管理有利于激趣增效。教职工参与学校管理,增强了他们的主人翁意识,他们爱校如家,乐干愿做,事半功倍。

二、四抓好

1. 精细化管理要抓好重点。管理要抓住对人和对事的精细管理,管理不要面面俱到,事事躬亲,而要抓住关键因素和重点问题。比如:制度的建立健全以及落实效果等,做到有法可依,有章可循,力求高效。

2. 精细化管理要抓好特色。精细化管理是建立在常规管理基础上,并将常规管理引向深入,呈现特色,用特色感染人,形成教育合力。在课改实施过程中,扭住课改不放实为提质之上策,要不断学习,更新教育观念,努力实践,寻求适合课改的办法。要精细化管理,规范教育行为,最后达成优质高效、特色明显和质量上乘的学校管理。

3. 精细化管理要抓好落实。制度有了,措施全了,方向明了,落实到位就更为重要了。要从小处入手,要把小事做细,细事做精;要从过程入手,要把过程细化,走好每一步;要从创新抓起,要旧貌换新颜,发展内涵,走在前列。管理成功的关键是落实到位,引领到位,反思到位,提升到位。

4. 精细化管理要抓好坚持。细节决定成败,坚持决定未来。精细化管理是一种境界,它既不能一蹴而就,也不是高不可攀,要力求精细,持之以恒做下去,形成习惯,养成品质,创设精细化管理的氛围,摘取精细化管理的硕果。

　　总之,只有实施精细化管理,实现管理高效,才能打造优质教育,培养高素质人才。

〔2016年发表于敖汉教育网和《赤峰教育报》第654期〕

浅谈在生物教学中如何渗透"生活教育"

一、对"生活教育"的理解

对"生活教育"的概念,世人有不同理解。美国教育家杜威思想中的"教育即生活""学校即社会"和"做中学",这三点统一被誉为"创立美国教育学的首要任务"。我国学者李玉娟老师认为,国外的"生活教育"着重点在人的身心健康。比如:美、英、日、韩等国家在身体健康方面制定了系统的健康教育标准,同时还建立了心理辅导机构。还有的学者强调教育本身,认为生活是一种教育,而教育是指生活中的教育,生活之变化才是教育的根本意义,随着生活的无时不变,生活也无时无刻不在体现着教育的意义。

中国教育家陶行知认为生活本身就具有其教育意义,因此生活和教育都无处不在。有识之士认为,教育的意义就在于能够引起生活的不断变化,生活之间的碰撞产生了变化,而变化产生了教育。对于大众而言,受教育不再单单指进入学校学习,社会才是大众唯一的学校,而生活是大众唯一的教育。因此,享受什么样的生活,就决定了你所受的教育形式。

笔者认为所谓的"生活教育"其实就是生活与教育的完美融合。生活就是我们平常实实在在的生活,而教育是各种类型的教育综合。比如:狭义的教育专指我们在学校所受的教育,其实在我们的生活中,随时随地都在接受教育,只是由于每个人对于"生活教育"的理解都各有特色,所以都用自己的观点解释了这个概念,不存在对与错的问题,只存在着对"生活教育"的狭义和广义的理解。狭义的概念是用于实践操作,对具体的问题更加有针对性和操作性,有利于教学实践的顺利实施。广义的"生活教育"范围广泛,让读者对它有了更深刻、更全面的认识。为此,笔者主要谈谈在生物教学中如何渗透"生活教育"。

二、生物教学应实施的教学原则

（一）生活性原则

教学就是要与我们的日常生活相联系，它来源于生活，应用于生活。教师善于运用自己丰富的生活经验，将生活中的事例应用到教学中，大大激发学生学习生物的兴趣。可是有的学校盲目追求升学率，进行传统的死板化教学，仅仅是为了讲知识而讲知识。只是将书本中的内容变成语言灌输给学生，并没有依据生活使内容具有实用性，这样教育就成了一种呆板的工具，没有生活化。

（二）科学性原则

"生活教育"的实施要具有科学性。生物学科是一门具有真实性，符合客观规律发展的学科。我们运用的STS教学模式正是将科学和技术与社会进行了完美的融合。比如：试管婴儿、克隆羊、癌症的治疗，都是社会性质的话题，更离不开生物技术，但同时也是生物科学。教师应该正确把握生物的科学性，在既保证激发兴趣的同时，又把握科学性原则。

（三）真实性原则

教育为什么要联系生活呢？如果只是为了联系生活而联系生活，最终会导致教学的庸俗化；如果只是为了激发兴趣而联系生活，会导致知识的盲目性。因此，教师应该将课堂回归真实的生活，将知识与生活以及学生的兴趣巧妙地结合起来，使生物课堂更加有真实性。

三、生物教学应实施的策略

初中生物与我们的健康、环境以及农业生产等都紧密关联，生物学科有其独特的学科优势。以人教版初中生物八年级上、下两册书为例，通过以下教学实施策略渗透"生活教育"。

（一）创设情境，激发学生求知欲

我们所学内容与自己的生活有时相隔甚远，教师为了让学生更好地理解知识，去创设一个情境，发掘相关知识点和日常生活事例，这样可以瞬间吸引学生的注意力，激发求知欲，提高课堂效率。

案例一：人类对细菌和真菌的作用

在《人类对细菌和真菌的作用》这一节中，首先让学生观察盒子里的两个馒头,再动手掰开看,比较它们有什么不同,提问:"同样的面粉制作出来的馒头为什么会有如此大的差异呢? 通常使用哪些材料来发酵呢?"学生认识到"一个是经过发酵的,一个没用发酵粉",引出发酵粉的主要成分是酵母菌。接着展示白酒、酸奶和面包的图片,提问:"为什么我们可以利用细菌、真菌制作食品呢? 哪些食品是利用细菌、真菌制作的呢?"让学生课下在附近的超市和家里找寻自己认为是用细菌和真菌制作出来的食品,也可以咨询家长。

通过以上的学习,学生对于真菌和细菌在生活中的应用有了认识,即"真菌和细菌可以用于食品的生产制作",从而实现珍惜生活的教育。

案例二:传染病及其预防

在《传染病及其预防》这一节中,首先给学生播放甲型H7N9和手足口病的流行以及防治的视频,然后让学生思考:"怎么样才能保持健康呢?"学生对问题思考并且讨论,进而让学生对传染病有了初步的了解。接着给出图1所示的几种常见的病原体图片,并提问:"什么原因会引起传染病呢?"学生通过辨别图片,讨论交流引起传染病的常见病原体,从而得出传染病的概念。

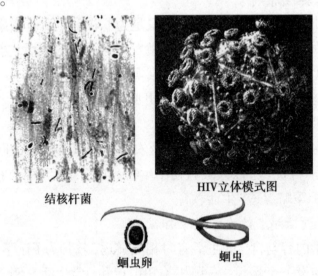

结核杆菌　　　　HIV立体模式图

蛔虫卵　　　蛔虫

图1　几种常见病原体

在传染病的预防措施这一知识点,展示医务人员消毒、打扫卫生、接种疫苗、锻炼身体以及隔离等图片,提问:"这些措施在预防传染病中有作用吗？"学生观察图片,总结预防措施。通过对《传染病及其预防》这一节知识的学习,学生不仅获得概念,而且对"家里预防感冒和细菌的方法"有所认识,养成在生活中注意卫生的好习惯。

案例三：先天性行为和学习行为

在《先天性行为和学习行为》这一节,首先展示小狗睡觉、算数、游戏这样一组图片,提问："小狗从一出生就会吃饭、睡觉吗？从一出生就会简单的加减法吗？"由此引导学生区分先天性行为和后天性行为。接着展示鸟类捕食、动物迁徙、蜜蜂采蜜和蜘蛛结网等动物行为的图片,引导学生区分各种动物的行为方式。

通过对本节知识的学习,学生不仅能够掌握先天性行为和学习行为的概念及特征,而且对"行为对动物生存的意义"有了清楚的认识。

（二）内容具体,引导学生自主学习探究

抽象的知识点对学生来说枯燥乏味,主要是由于他们不理解。我们可以运用形象的比喻,使抽象的内容具体化。比如：学习氨基酸通式,我们可以利用人体的各个部分来比拟,头代表R基,脖子代表中间C原子,两个胳膊分别代表氨基和羧基,下身代表羟基。这种利用具体事物来表现抽象内容的方法,能帮助学生加强记忆。

案例一：酵母菌发酵的产物及条件

展示小实验：向温水中加糖和酵母菌,在瓶口上套上气球,并且要设置对照组。A组：糖+温水+发酵粉；B组：糖+温水；C组：温水+发酵粉；D组：糖+冷水+发酵粉。结果A组气球鼓起来,如图2所示。提问："为什么加温水,不是冷水呢？为什么加糖？气球中的气体是什么？酵母菌有什么作用？"学生得出："酵母菌是菌种,加糖是提供菌种生活需要的有机物,在温水条件下适宜的温度可以使酵母菌把葡萄糖分解。"通过另一组实验,如图3所示,溶液A为澄清的石灰水,变浑浊,所以酵母菌把葡萄糖分解成二氧化碳。接着提问："酵母菌除了通过发酵能产生二氧化碳以外,还会不会产生其他物质呢？"学生闻气味,得出有酒精产生。通过学生的探究实验,验证了酵母菌发酵的产物及条件,得出酵母菌在生产生活中的作用。

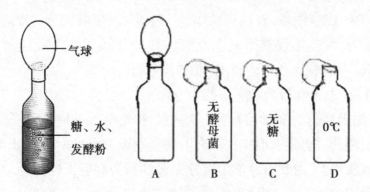

图2　酵母菌分解葡萄糖的产物

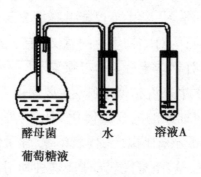

图3　酵母菌发酵的条件

案例二: 传染病的特征

教师提出: "传染病有什么特征呢? " 将学生分小组进行活动, 每个活动小组的桌子上放一杯面粉, 由小组长记录, 第一名同学先抓面粉, 紧接着同学之间依次传递、握手, 记录本上写好第一轮握手, 第二轮握手。每个学生在和同学握手之前需抓一些面粉在手里。通过这样的活动让学生感知传染病的传播速度。通过学生动手活动, 来理解传染病的特征, 培养学生思考和分析问题的能力。

(三) 学以致用, 在探究中发现原理

生物是一门以实验为基础的自然学科。我们通过实验去验证知识, 利用实验来增加科学的神秘感。比如: 酸奶的制作、啤酒的制作。这些是将书本知识应用于生活, 反过来我们也可以用生活来辅助知识。我们利用植物的向光性和顶端优势, 来进行嫁接技术。学生可以通过自己动手, 将生物与生活完美地结合。

案例: 酸奶的制作

学生先按照书中的操作步骤并结合网上查询, 自制一份酸奶。课上学生亲自品尝自制的酸奶 (提示: 学生品尝前要仔细观察酸奶的色泽, 确认质量合格后才能品尝)。提问:"你们刚才品尝的酸奶是什么味? 为什么要将牛奶煮开? 煮开的牛奶中加入酸奶前为什么要先冷却? 加入酸奶的作用是什么?"学生回答:"酸奶呈酸味或微酸。牛奶煮开可杀死牛奶中可能存在的其他微生物, 避免酸奶腐败。煮开的牛奶冷却后才能加入酸奶的原因是高温能杀死乳酸菌或减弱乳酸菌的生活力。加入酸奶的作用是接种。"在体验劳动成果的同时, 也发现了实验原理。

(四) 注重实践, 重视教学活动反馈

高效课堂也要及时地反馈实践, 反馈的方式要灵活多样, 便于学生很好地理解所学知识, 适当地加以练习。

案例: 用药与急救

在《用药与急救》这一节中, 通过提出问题的方式检验学生的学习效果和老师的教学效果。根据发生的实事, 我国部分地区发生蜱虫叮咬致人死亡, 该病的症状是发热并伴血小板减少。提问:"该病的病原体是什么? 该传染病的主要传播途径是什么?"我国有些地方发生的毒奶粉、地沟油、染色馒头等食品安全事件, 提醒老百姓学会鉴别、学会自我保护。那么, 在购买包装食品时, "首先要注意食品的什么? 对于购买的水果、蔬菜等要先干什么?"通过课堂教学活动的反馈, 提高学生的安全防范意识。

教学中结合了前人的课程研究以及当前的课程理论, 基于前人研究的基础上, 遵循学习者的发展规律, 将"生活教育"通过教学的过程, 渗透到初中的生物课程中; 同时, 也将生物课本中的知识运用到实际生活中来。结合初中生的学情和心理发展特点, 总结出适合于现状的生物课堂渗透"生活教育"的教学模式。这种教学模式在实施过程中, 科学地选取并随机设定实验组和对照组, 通过实验法对学生学习效果进行分析。在学习兴趣和学习主动性基础上, 来判断渗透生活教育的教学模式是否被大家认可并愿意尝试。

四、开展好"生活教育"对我们的启示

(1)"生活教育"的渗透会激发学生的学习兴趣和主动性。人们常说

"兴趣是最好的老师"。任何一种兴趣都是由于获得情绪上的满足而去主动探索实践，并不是对事物的表面关心。

（2）"生活教育"的渗透会提高学生的学业成绩。将生活渗透到生物教学中，是否对学生的各个方面产生影响，最能直观地表现其教学效果的就是学业成绩。

（3）"生活教育"的渗透会提高学生对日常生活的了解。教育与我们的生活息息相关，生活离不开教育，"生活教育"与教育教学是相辅相成的。

因此，在生物教学中，一定要渗透"生活教育"，为孩子们的健康成长奠定坚实的基础。

〔2017年6月刊登于中国知网〕

参考资料：叶存洪、周仲武、袁玉霞发表的《对话"教学生活化"》；人民教育出版社课程教材研究所生物课程教材研究开发中心出版的《义务教育教科书生物学·八年级下册》；张迎春、汪忠主编的《生物教学论》。

推动职教转型升级
让职教生"化茧成蝶"

近代教育家黄炎培先生曾把职业教育的目的概括为"使无业者有业，使有业者乐业"。从这点意义上说，职业教育就是就业教育。为此，作为培养人才的职业学校应做好"四对准"，即对准市场设专业、对准岗位设课程、对准实践抓教学、对准就业育人才，为职教生创造适宜的环境，帮助他们与社会生产密切结合，熟练掌握一门专业技能，为其终身幸福奠基！

目前，职业教育发展步履蹒跚，艰难前行，职业学校在招生和就业上仍在"两难"中挣扎，而社会经济发展又呼唤着高水平的职业教育，我们的企业迫切需要适用型技术人才，许多受教育者也苦于找不到理想的学习场所，人才招聘常常出现"人才无处去，企业空手回"的尴尬局面。职业教育，任重道远。

一、原因剖析

（一）社会不认可

1. 认识不到位。多年的应试教育，片面追求升学率，"普高热"高烧不退，牢牢禁锢住了人们的思想，认为只有升入重点高中、考入重点大学才是孩子的唯一出路，孩子只有"跳龙门"、端上"铁饭碗"家长才有面子，祖上才有光。反之，家长认为孩子到职业院校就读就是"丢人现眼""颜面尽失"，于是造成了职业学校"庙大僧少"的尴尬局面，学校的有效资源白白浪费。

2. 方向不明确。有些家长由于认识不清、方向不明，不愿让孩子上职业学校就读，他们认为有个初中毕业文凭已足矣。更有甚者认为，孩子上职业学校根本学不到什么东西，反而会学坏，花钱打了水漂，不如早去打工，早些挣钱，娶妻抱子，成家立业，这才值得！

3. 内心不信任。农村老百姓由于知识层次偏低、认知水平浅，加之社会一些不良现象屡屡出现，于是对职业学校的包分配、签合同、有工作持怀疑态度,内心极度不信任,认为上职校就读,还不如步入社会边学习边挣钱,一举两得,何乐而不为呢?

(二)机制不健全

1. 学校缺乏专业教师。首先,教师存在职业倦怠感,缺乏工作自豪感,三尺讲台,重复劳作,工作无兴趣,教学质效不高;其次,教师队伍不稳定,高素质人才流失严重,教师数量不足;再次,职业教育是一种特殊教育,既教理论,还需实训,具有一定实践经验的专业教师明显不足,只能是"赶鸭子上架";还有,新知识、新技术、新设备和新工艺快速更新换代,教师专业技术技能往往是"马后炮",难跟时代步伐,常常是教师教一套,学生听一套,企业用一套,各不相干。

2. 课程设置缺乏针对性。在夹缝中求生存的中职学校很少研究学生是否学得好,上了岗是否有所用。中职学校办学目标应定在为当地经济建设培养技术人才这一使命上,不要闭门造车,盲目跟风,不研究学生状况,胡乱开设一些所谓的热门专业,或者不符合当地实际情况的专业。比如:很多中职学校几乎都开设了计算机信息技术专业,这一层次的计算机应用人才真的有那么大的市场需求吗?这就需依据市场需求调整办学思路,遵照人才配置整合相关学科。

3. 校企供需互不吻合。职业学校培养目标存在短期行为,不能根据市场需求及时调整专业设置,专业结构不尽合理,热的专业过热,供过于求;冷的专业过冷,虽社会急需,但无人问津。学校教育很少与终端客户取得联系,很少听取他们对人才技能培训方面的建议,存在不足的专业教学、陈旧的课程体系和教学方式难以满足企业发展变化对人才技能结构的需求,企业需要的我们没有教,教师教学的内容企业不需要;企业技术改造与时俱进,教学内容严重滞后,用工单位招不到急需人才,而急需找工作的学生又无法胜任新工作。比如:钳工专业,中职学校教师天天不厌其烦教学生镶配工件,而学生就业后,用人单位需要的是能够进行实际零部件组装的现代装配钳工。

二、解决策略

(一)加大宣传,营造氛围

通过宣传取得广大学生、家长、社会对职业教育的理解和支持,达到学生乐意、家长愿意、社会满意的效果,在社会上形成重视职教的大气候。

1. 做好政策宣传。中职学校要采取做家访、张贴标语、发放传单、专题演出和开展活动等多种形式宣传"以服务为宗旨,以就业为导向,以能力为本位"的职业教育思想,宣传各级政府重视职业教育的文件及精神,宣传发展职业教育的有效措施,宣传职业教育学校的骨干专业、特色课程、实训设备、师资队伍和就业情况,让职业教育深入人心,优势条件惠及各地。

2. 做好校际沟通。初中学校和中职学校及时沟通,相互合作,要抓住时机开好"三会",即全体教师会、学生座谈会、毕业生家长见面会,选取典型案例,正面讲解宣传,家校共同施教。

3. 开展各项活动。学校要定期召开学生座谈会、演讲赛、专题讲座等,从而对职教学生进行品德教育、成才观教育,让职教生对自己有正确定位,消除自卑感。平时也要经常举行一些文体活动、技能大赛等,让他们充分展示自己的才华,张扬个性,战胜自我,完善自我。"每一朵花,都有绽放的时候",让他们与成功有约!

(二)精细管理,追求卓越

1. 强化内部管理。①学生管理。完善学生自主管理机制,班级实行责任分担制,推进学习、生活、活动一体化建设;实行住宿生"三级九段"流程管理模式,做好各段各层督查工作;抓好学生行为习惯养成教育,引进军事化和半军事化管理,也可引入第三方管理机构对学校实行全天候无缝隙管理,加强学生养成教育和职业道德教育,培养学生的综合素质,为学生就业创业奠定基础。②学校管理。实行"部级"管理体制,权力下放,任务分解,注重实效;推行"教职工积分考核机制",规范学校管理机制,匡正教职工的教育教学行为;实施"订单式"人才培养模式,以市场为导向,设置专业课程,以能力为本位,强化素质培养,为学生终身发展奠定基础。

2. 加强队伍建设。①强化领导班子建设。围绕学校目标,把"转观念、改作风、当榜样"作为班子建设的重点,打造一支特别能吃苦、特别能团结、特别能战斗的管理团队。②强化师资队伍建设。以能力建设为核心,以制度创新为动力，通过"校企合作对接"，加强"双师型"教师队伍建设，打造优秀的教师队伍；把师德行风建设放在首位，实行"师德建设承诺书制"，坚持开展德育交流活动，大力弘扬"学为人师，行为师范"的职业道德规范；加强对名师、专业骨干教师的培养，充分发挥学科带头人、教学能手的示范引领作用，大家携起手来共同成长。

3. 强化教师培训。中职教师要不断提升自己的技能水平和教学业务能力。对教师采取"校企双挂"培养模式，定期让教师到企业顶岗实习，使教师及时掌握专业领域的新设备、新技术和新工艺；引进企业骨干到学校授课，传授知识与技能，培养师生职业道德；经常让教师参加技能培训、技能比赛、学术交流、结对子活动和集体备课等，提高教师专业素质，并形成制度化和常态化。

4. 深化教学改革。中职学校要使学生进得来、留得住，学得好、用得上，学生将来成人成才，就必须进行"以生为本、以发展为本"的教学改革：一是实施"开放性课堂"教学模式研究，依据爱好特长，学生自主选课，教师因材施教，激发学习兴趣，培养实践能力；二是实施"技能分层培训"教学改革模式，根据学生现有知识、能力水平和潜力倾向对其进行分组教学，通过学生自主学习、合作探究、分组讨论，做到人尽其才，提升学生技能培训效果，力求让学生做到"不求人人升学，但求个个成才"。

（三）多方统筹，夯实基础

加强职教工作的领导与统筹工作，建立有效调控机制，全力做好职业教育工作。

1. 争取上级支持。积极争取上级政策支持，加大教育投入力度，加强基础设施建设和学校文化内涵建设，努力改善办学条件，营造人人重视职教的浓厚氛围。

2. 教育部门重视。上级教育行政部门要重视职教工作，制定职教工作实施方案，召开专题会议，布置工作任务，明确目标责任，并经常深入一线现场办公，指导工作。同时，将职教工作纳入教育发展的整体规划，写入责任状，层层签订，时时督导，项项评估，兑现奖惩。

3. 做好家校沟通。古语有言："感人心者，莫先乎情。"感情是和谐关系的润滑剂，因此，我们要充分了解学生，关爱学生，做学生的良师益友。

同时，要尊重家长，多与家长沟通，增强教育合力，家校共同施教。

　　发展职业教育，做好"职普两条腿"走路，完善"三制"建设，搞好校企对接，明确用人需求，转变办学思路，遵循市场规律，培养新型人才，更好地服务"三农"，为敖汉旗经济建设献策出力。

〔2017年6月发表于敖汉教育网〕

　　注："三制"，即制度、机制、体制。"三农"，即农村、农民、农业。"双师型"，即学习型教师、研究型教师。"职普两条腿"，即普通教育教学工作、职业教育教学工作。"四对准"，即对准市场设专业、对准岗位设课程、对准实践抓教学、对准就业育人才。住宿生"三级九段"流程管理模式："三级"，即学生上学、在校、放学三级管理；"九段"，即学生起床时段、早操时段、晨读时段、上课时段、课间时段（间操课时段）、午休时段、放学时段、就餐时段、就寝时段。

编 后 语

作为一名从事14年中学语文教学工作、继而又从事14年教育教学管理工作的基层教育工作者，从一名普通中学教师到学校环节干部，再到学校的主要负责人，一路走来，风雨兼程，亲历了从2002年开始的全国基础课程改革，见证了一线教师在课改中的成长过程。对我而言，虽然角色在变、环境在变，不变的则是自己对教育无怨无悔的"天边守望"。我望到了蓝天，望到了风雨，也望到了教育的无限希望！

《教育随想》一书共分八篇，即学生发展篇、教师成长篇、学校管理篇、课改观察篇、教研探微篇、星空赏月篇、校园览胜篇、思想创生篇。本书收录了我从教20余年来在教学、教研和教学管理实践中创生出来的"心灵火花"，权且算作"草根式研究"吧。本人才疏学浅，见地颇微，仅凭倔性不改，痴迷依在，手握拙笔，捧着思绪，奋去捕捉智慧的火花。

在本书付梓之际，凝眉回眸，思绪万千……在此，我由衷地感谢多年来关心帮助过我成长的各级领导、专家学者和挚友同仁。

敖汉旗人民政府田国瑜副旗长在百忙之中亲自为本书作序，并给予悉心指导。敖汉旗教育局工委书记、教育局局长葛学文同志，为本书提出了很多中肯的建议。邵学贵、刘守义、高韵声、傅晓林等历任敖汉旗教育局局长都给予倾心的关注。

特别感谢赤峰教育督导评估监测中心李化中主任，他为本书倾注了大量心血，给予了无私帮助。

感谢新惠二中文化团队的韩凤术、黄凤华、李海军、李荃凤、曲凌珠、陈宏志、马秀会、黄凤新等老师，他们给本书提出了很好的建议，并做了大量的文字斟酌工作。

算我有福气, 人生中遇到这么多好领导、好师友, 让我的成长之路越走越宽, 越走越远!

由于本人水平有限, 不妥之处, 敬请批评指正!

作者
2018年秋于新惠